親鸞と歎異抄入門

その心の遍歴と他力の教え

大法輪閣編集部編

【執筆者】平松令三／草野顕之／今井雅晴／梯　實圓／矢田了章／安冨信哉／瓜生津隆真／山崎龍明／寺川俊昭／岡　亮二／松井憲一／小野蓮明／髙松信英／安本一正／大谷義博／森　正隆／和田　稠

大法輪閣

親鸞と歎異抄入門
その心の遍歴と他力の教え

目次

第三部　歎異抄入門

親鸞と歎異抄入門
その心の遍歴と他力の教え

目次

装丁――清水良洋

親鸞像（鏡御影・西本願寺蔵）

第一部
日本仏教の中の親鸞

1　親鸞誕生と当時の日本

平《ひら》松《まつ》令《れい》三《ぞう》

◆親鸞の家柄

親鸞は承安三年（一一七三）に生まれた。そのことは親鸞が自筆をもって書き残した書籍の奥書などから確認できる。たとえば『西方指南抄《さいほうしなんしょう》』（津市専修寺《せんじゅじ》所蔵、国宝）は上巻末の奥書に、「康元元年丙辰《ひのえのたつ》十月十三日、愚禿《ぐとく》親鸞八十四歳書之」と記しているが、康元元年（一二五六）が八十四歳（当時の年齢は数え年）だと、承安三年が誕生という計算になるからである。

しかし親鸞は、年齢以外のプライバシーについては、全く語ろうとしなかった。自分が生まれた家のこと、父母のことはもちろん、妻子などの家族についても一言も述べていない。彼の曾孫に当たる覚如《かくによ》（一二七〇～一三五一）が、永仁三年（一二九五）、親鸞の生涯を題材として制作した絵巻『善信聖人親鸞伝絵』(『善信聖人絵』とも『本願寺聖人伝絵』ともいう。以下『伝絵』と略称する)に略伝を記しているので、それによってわずかに、うかがい知る程度である。

その『伝絵』によれば、親鸞は日野家という貴族の家に生まれた。日野家は藤原氏の一門で、今の京都市伏見区日野を本拠地としていたのでこの名があり、儒学や歌道を得意として朝廷につかえていた。政治の表舞台で華々しい活躍をするということはなかったけれども、時には公卿《くぎょう》として政治の中枢に参画する人物も出したりして、名門の家柄であった。ただ親鸞の曾祖父あたりからはいわゆる庶流に属したのと、祖父経尹《つねまさ》が品行よろしからず、家系から除外されたりしたので、やや落ち目になっていた。

◆父有範のこと

親鸞の父有範《ありのり》はその経尹の三男に当たる。兄二人は家門の名誉挽回につとめたらしく、長兄範《のり》綱《つな》は後白河法皇の近臣となって若狭守に任ぜられているし、次兄宗業《むねなり》は晩年には文章《もんじょう》博士から従三位《じゅさんみ》式部大輔《たいふ》という高官にまで昇っている。それに較べると有範は皇太后宮大進《こうたいごうぐうのだいしん》という役職が最高位で、あまりパッとしない存在だったらしい。皇太后宮というのは、皇太后に関するいろんな事務を処理する役所で、このころは後白河天皇の皇后であった藤原忻子が承安二年二月に皇太后となっているから、そのときつまり親鸞生誕の前年に設置せられた役所だったのである。

皇太后宮には長官以下何人かの役人がいるが、大進というのはその三等官で、当時の規定「官位相当表」を見ると、従六位の位にある者が任命されることになっている。従六位というと、まだ昇殿が許されない地下《じげ》の身分だから、今の官僚でいうならノンキャリア組だろう。

◆否定された父早世説

そんな貴族の家系に生まれた親鸞は、九歳で出家するのだが、なぜ出家したのか。『伝絵』はその理由を「興法《こうぼう》の因《いん》うちに萠《きざ》し、利生《りしょう》の縁《えん》ほかに催《もよお》しによりて」、つまり仏法を興し人々を利益《りやく》するためと、いわば格好をつけた文言を羅列しているだけである。そこでどういう事情があったのか、いろいろ取り沙汰されているが、昔から最も有力だったのは、両親に早く死に別れたからだ、という説である。

これは覚如の弟子乗専《じょうせん》（一二九五～歿年未詳）が、『最須敬重絵詞《さいしゅきょうじゅうえことば》』という著述に、「幼稚ニシテ父ヲ喪シ給ケルヲ、伯父若狭三位範綱卿猶子《ゆうし》トシテ交衆ヲイタス」と記しているのと、『伝絵』の出家得度の段でも、詞書《ことばがき》に伯父の範綱に連れられて慈鎮和尚慈円の坊舎へ出向いたことを記し、画面では頭を剃ってもらっている幼童の背後に、衣冠装束の人物が見守っている様子

『親鸞伝絵』出家剃髪の場面（専修寺蔵）

が描かれていて、高田本『伝絵』では詞書と同筆をもって「範綱卿従三位号六条三位干《とき》レ時《に》前若狭守《さきのわかさのかみ》」と註記が加えられているので、定説となっていた。

ところが昭和初年になって、西本願寺の宝庫から覚如の長男存覚《ぞんかく》（一二九〇〜一三七三）自筆の大無量寿経が発見され、その奥書によってこの伝承が否定されることになった。というのは、そこには『大経』の句切点や発音記号は、親鸞の父有範が亡くなって中陰法要の際に、親鸞の弟兼有律師《けんうりつし》が書き加えた本から写したもので、しかもその本の外題《げだい》は親鸞の自筆だった、と書かれていたからである。これによると父有範は、親鸞はもちろん、その次弟兼有がある程度にまで成人してから他界したことになり、父早世説は完全に打ち消されてしまったのである。

◆十二世紀末の日本

ではどういう事情で出家したのかだが、それを当時の社会情勢に求める説がある。それは親鸞が幼少期から青年期を過ごした十二世紀後半の日本が、激動の時期に当たっていたからである。それまで栄華を誇っていた藤原氏一門が斜陽化し、代って新興武士勢力が台頭してきた時代であった。

その最初の主役をつとめたのは、日本史上最大の悪玉平清盛である。後白河法皇の恩寵を受けて政界に急浮上し、太政大臣の位へまで昇りつめたかと思うと、一転クーデターを挙行し、その法皇を幽閉するという無道振りを発揮する。

法皇の第二皇子以仁王《もちひとおう》が耐え兼ねて、対抗馬である源氏勢力と語らい、寺社勢力をとり込んで、清盛打倒の狼煙《のろし》を挙げるが、その挙兵は失敗し、王とそれに従った源頼政《よりまさ》らは敗死する。そして清盛の軍は奈良に侵攻し、東大寺・興福寺を焼き払うという未曽有の暴挙に出て、留まるところを知らなかった。しかしその怨念を受けてか、翌年清盛は熱病にかかり、高熱のうちにもだえ死にする。そして源平の合戦へと突入することになるのだが、奇しくも清盛死去のその年の春、親鸞が出家得度しているのである。

◆出家は有範の失脚が原因か

親鸞の出家は、そうした源平の対立抗争と関係あるのではないか、という説は戦前からあった。親鸞の伯父宗業《むねなり》が、清盛に叛旗を掲げた以仁王の学問の師であり、王が敗死しその首が京都へ届けられたとき、その首実検に立ち会わされたことなどからわかるように、日野家は源氏に親近だったため、平氏から睨まれ、父有範が職を追われ、親鸞も出家させられたのではないか、というのだが、この説は赤松俊秀氏が『親鸞』（吉川弘文館人物叢書）で批判しているように、宗業がその後も地位を失うことなく、逆に上級官吏登用試験を受けたりしていることを見ても成立し得ない。

しかし赤松氏が「平氏の暴行に刺激されて厭世的に行なわれたことは誤りない」と推定しているのもどんなものだろう。数え年九歳の子供、現代なら小学校二年生の児童に、それだけの自主的判断力があったかどうか、私は疑問に思う。そして父有範の役職が皇太后宮大進どまりであり、出家して入道となり、三室戸《みむろと》（現在の宇治市）へ隠棲したことが他の史料からわかることや、親鸞の弟三人も全員僧侶にさせられていることなどを考えると、父有範の行動に何かよからぬことがあって失脚し、一家全員が日野家から追われた、と考えているのだがどんなものだろう。

◆比叡山の仏教と法然・親鸞

先に記したように、『伝絵』は、親鸞の剃髪が九歳の治承五年（一一八一）春、慈円（後に天台座主《ざす》）の坊舎で行なわれた、と記している。今の京都市東山の青蓮院《しょうれんいん》では、「ここがその場所だ」と宣伝しているが、赤松氏が『親鸞』で考証しているように、青蓮院はそのころは現在地でではなく比叡山上にあったので、厳密に言うなら今の青蓮院の北方にあった慈円の白川坊とするべきだろう。

ともあれ天台僧となった親鸞は、その後二十年間、比叡山で修行をすることになる。「論湿寒貧」の厳しい修行で知られる比叡山だが、上層部は貴族社会との癒着から門閥化し、下層部は僧兵といわれるように、武器を持ち、暴力団化していた。真剣な修行を求める僧の中には、山を下り、草庵を構えて自活する者が出始めていた。

法然もその一人で、専修《せんじゅ》念仏を決意すると、大衆への伝道のため比叡山を出て、京都西山の広谷に住むが、それは承安五年（一一七五）、つまり親鸞がまだ三歳の年である。親鸞が出家して比叡山へ上ったときは、もう法然はそこにいなかった。すれ違いであった。その法然はやがて東山の吉水に草庵を営み、後にそこで親鸞と出会うことになるのだが、それにはさらに二十余年の歳月を必要としたのである。

（元龍谷大学教授）

2 親鸞と浄土真宗

草野《くさの》顕之《けんし》

◆関東の門弟たちと本願寺の成立

親鸞の約二十年間にわたる関東布教によって、関東地方の各地には、親鸞の教えに遇《あ》った人々による門徒集団がいくつも形成された。こうした門徒集団を真宗史では初期教団と呼んでいる。彼らは、各地の如来堂や太子堂などの小堂を拠点として、月に一度の念仏の法会《ほうえ》を開催していたが、拠点とした土地の名を冠して呼ばれるようになる。このうち、大きいものに、真仏《しんぶつ》・顕智《けんち》をリーダーとし、下野国《しもつけ》高田《たかだ》（栃木県芳賀郡二宮町高田）を拠点とした高田門徒、性信《しょうしん》をリーダーとし、下総国《しもうさ》横曽根《よこそね》（茨城県水海道市豊岡町）を拠点とした横曽根門徒、順信《じゅんしん》をリーダーとし、常陸国《ひたち》鹿島《かしま》（茨城県鹿嶋市）を拠点とした鹿島門徒等があった。

彼らは、親鸞が京都に戻った後も、それぞれの拠点を中心に宗教的な活動を行なうとともに、時には京都の親鸞を訪問したり、また手紙などをもちいて、信仰上の諸問題を親鸞に問い合わせたりしていた。その一方で、懇志や「念仏のすすめもの」と呼ばれる金品を親鸞に送り届けて、その生活を支えたのである。親鸞が死去したときには、高田門徒の顕智と専信が上京して、収骨まで行なったといわれる。

その親鸞の死去は、弘長二年（一二六二）十一月二十八日のことで、翌二十九日に葬送、三十日には拾骨が行なわれ、そしてそれは京都東山の鳥辺野《とりべの》の北、大谷の地に葬られた。その地には、柵《さく》がめぐらされ一基の石塔が建てられた。当時、一般的に見られる実に簡素なものである。そこで、十年後の文永九年（一二七二）の冬に、大谷のなお西、吉水の北の辺にこれを移し、六角形の堂舎を建立することとなった。これが、本願寺の前身である「大谷廟堂《おおたにびょうどう》」であり、親鸞を看取った末娘の覚信尼《かくしんに》と高田門徒など関東の親鸞門弟との協力によって完成したものである。つまり、その土地は覚信尼の夫小野宮禅念の所持するところであったから、覚信尼夫妻が土地を提供し、関東門弟が堂舎建立の資金を供出して完成したのである。

以後、覚信尼の子孫が廟堂の管理運営に携わり、関東門弟が廟堂維持の費用を負担するという関係が続いた。しかし、覚信尼の孫の覚如《かくにょ》は、大谷廟堂の寺院化と真宗の本寺化を目指し、「本願寺」号を公称するとともに、廟堂に本尊として阿弥陀如来像を安置しようと計画した。ところが、高田門徒をはじめとする多くの関東門弟たちは、寺号公称は認めたものの、阿弥陀如来像の安置＝寺院化や、まして本寺化ということには真っ向から反発をし、強行する覚如に対して次第に距離をもち始めた。これによって、本願寺は堂舎維持の資金にも事欠くようになり、ついに天台宗の青蓮院《しょうれんいん》の末寺として歩む道を取り始めるのである。覚如の孫の善如のときに、北朝の後光厳天皇が四海安全を本願寺に祈願させた文書が残っていることからしても、本願寺がいわゆる「勅願寺」として運営されていたことがわかる。本堂には護摩壇が設《しつら》えられ、黄衣・黄袈裟の法衣を着し、「六時礼讃《ろくじらいさん》」などの勤式《ごんしき》・作法が調えられていった。こうした本願寺の寺院としての性格変更は、参詣者の減少という結果として現われた。善如の孫巧如《ぎょうにょ》の時代に、本願寺に参詣した近江堅田《おうみかただ》の法住《ほうじゅう》は、本願寺は参詣者が途絶《とだ》えて一人も見られず、さびさびとしていたと記録している。

◆蓮如の活躍

しかし次第に新しい動きも現われてきた。まず、巧如の子であり、蓮如の父に当たる存如《ぞんにょ》の時代に、親鸞の木像を安置する御影堂《みえいどう》と、阿弥陀如来像を安置する阿弥陀堂の両堂がならび建った。

現在の東西本願寺同様に、御影堂の方が一回り大きく建てられた。本願寺が親鸞の廟堂に始まることの確認であり、関東門弟から反対された阿弥陀如来像安置への、一つの結論とも言える。また、この存如は近江から北陸へと布教をおしすすめ、真宗の聖教《しょうぎょう》を門弟に書き与えるなどして、親鸞の教えを広めるべく努めてもいる。

こうした本願寺に生まれ、本願寺第八代を継職したのが蓮如《れんにょ》であった。蓮如は父の動きを徹底し、本願寺を「聖人一流《しょうにんいちりゅう》」、すなわち親鸞への回帰を敢然と実行に移した。護摩壇を廃して本願寺独自の荘厳《しょうごん》を創り出し、黄衣・黄袈裟をやめて薄墨色の法衣を着し、六時礼讃《ろくじらいさん》による声明《しょうみょう》を正信偈《しょうしんげ》・和讃に改め、門弟間でさまざまに依用されていた本尊を名号《みょうごう》に統一するなどして、明確な形での本願寺改革に着手したのである。

また親鸞の「御同朋御同行《おんどうぼうおんどうぎょう》」という精神に立ち返って民衆教化にも努めた。御文《おふみ》を使った簡潔な教化、寄合《よりあい》という聴聞《ちょうもん》の場の勧め、簡単に制作できる墨書六字名号の配布、正信偈・和讃を印刷して配布するなど、蓮如が行なったこれまでにない布教に、多くの民衆が共鳴していった。近江・北陸・東海・畿内など、蓮如がおもむき布教を行なった所には、後々まで続く大きな門徒集団が形成されていった。さらに、蓮如の晩年には、初期教団の流れを引く仏光寺経豪《ぶっこうじきょうごう》、証誠《しょうじょう》寺善鎮《じぜんちん》、錦織寺勝恵《きんしょくじしょうえ》等が、多くの門弟を率いて蓮如教団に合流してきた。このため、蓮如期に本願寺は全国的に展開する大教団を有するに至ったのである。こうした蓮如の業績を顕彰して、蓮如を「真宗再興の上人」とか「本願寺中興の祖」と称する。

◆蓮如以後の本願寺教団

蓮如没後、本願寺は実如《じつによ》—証如《しようによ》—顕如《けんによ》と世代を重ねていく。実如期には年中行事の確立や依用する聖教《しようぎよう》の確定や声明《しようみよう》の統一など教義・儀礼の面、また一門・一家制や直参制度などの組織的側面が整備され、教団としての諸制度が整えられた。次の証如期には、一向一揆が支配する加賀国（石川県）を領国化して、そこでの荘園年貢斡旋をテコに公家や武家と交流を深めて、本願寺の社会的地位を高めるとともに、本願寺の周囲に形成された寺内町《じないちよう》の経済力を背景として、一大権門寺院として君臨するに至った。さらに顕如期になると、寺院として最高の寺格である門跡《もんぜき》に列するなど、本願寺の権威は絶頂期を迎えるが、天下統一を目指して西下してきた織田信長と、当時本願寺があった大坂（石山）の寺地をめぐって対立し、十年間に及ぶ石山合戦を戦うことになった。

この合戦は、正親町《おおぎまち》天皇の命により和睦したが、このとき和睦条件を飲んで直ちに退城した人々と、信長の変意を危ぶんで籠城した人々との間に、亀裂が生じていた。退城派は顕如と共に、紀州鷺森《さぎのもり》（和歌山市）に退いたが、籠城派は顕如の長男教如《きょうにょ》を中心に四ヶ月間本願寺を守り、ついに堂舎に火をかけて落ち延びるのである。

信長が本能寺で没すると、豊臣秀吉は本願寺と友好な関係を結び、最初は大坂天満に、次いで京都七条堀川に寺地を寄進したことから、本願寺は京都に寺基を確立することとなった。この地が、現在西本願寺の建つその地である。しかし、京都移転直後に顕如は没する。

その跡を継いだのは長男の教如であった。ところが、教如は継職後一年を経て、豊臣秀吉の命で職を弟の准如《じゅんにょ》に譲り、隠居せざるを得なくなる。隠居後も教如は本願寺宗主としての自覚を失わず、教化活動を継続していたが、ついに、徳川家康から烏丸《からすま》六条の地四町四方の寄進を受け、東本願寺を別立したのである。これが、現在の東本願寺である。これによって、本願寺教団は二分されることとなったが、これを東西分派と呼び、その背景には石山合戦の退城・籠城派の対立があったといわれる。

こうして分立した東西本願寺は、ほぼ現在に匹敵する寺地と寺基とを確立した。また、それに伴う本願寺教団の東西分派の時期が、江戸時代の初頭であったことから、以後は、幕藩権力によって、新たな寺院の建設は制限を受けるようになり、また自由な寺檀関係も固定化されていったことから、ほぼ現在の東西本願寺教団が誕生したのである。

（大谷大学教授）

3　今、親鸞に学ぶもの

今井《いまい》雅晴《まさはる》

◆人間への信頼

親鸞は、日本の歴史上の僧侶の中で最も人気のある一人であろう。そしてまた、親鸞の教えを受けた唯円《ゆいえん》がつづった『歎異抄』も、これまた人気の高い書物である。『歎異抄』は比較的短い話の集合体として構成され、わかりやすく、同時に名文であることで多くの人々に読まれてきた。私もまた、その一人である。

親鸞の本当の信仰は、『教行信証《きようぎようしんしよう》』を深く勉強しなければわからない、とする意見もある。確かにそうかもしれないが、しかし『教行信証』は経典類からの引用に満ちた漢文で書かれた長編である。一般の人が容易に寄りつきがたい書物であることもこれまた事実である。そして『教行信証』の正確な名称が『顕浄土真実教行証文類《けんじようどしんじつきようぎようしようもんるい》』であると聞くだけで、前に進みにくくなる気持も、十分に理解しなければなるまい。

その点、『歎異抄』は取りつきやすく、実際に影響力も強い。近年では、親鸞が作った和讃《わさん》にも、人気が出てきている。こちらも理解しやすく、同時にリズミカルな短文で魅力的な内容が多いからである。

では、現代社会に生きる私たちは、どのようなことを親鸞から学ぶことができるだろうか。

『歎異抄』第二条に次の言葉がある。

たとひ法然聖人にすかされまひらせて、念仏して地獄におちたりとも、さらに後悔すべからず候《そうろ》ふ。

「もし、念仏を称《とな》えれば極楽に往生できるとして法然聖人にだまされ、念仏を称えて、その結果地獄に堕《お》ちてしまっても、私は全く後悔はいたしません」と、親鸞は強く言いきっている。二十年にわたる修行を続けながら、進むべき道を見い出せない苦しさの果てにめぐり会った法然への、心からの信頼を表明した文章である。私は、親鸞の法然に会えた喜びと、それまでの苦悩の遍歴を思って、この文章を読むたびにいつも感動する。

そして親鸞は門弟だけでなく、妻の恵信尼《えしんに》にもこの気持を語っていた。恵信尼のある手紙の中

に、親鸞は、

上人のわたらせ給《たま》はん所には、人はいかにも申せ、たとひ悪道にわたらせ給《たもう》べしと申《もうす》とも、……。

「法然上人がいらっしゃる所には、他人がそれについてどのように言っても、たとえ地獄であっても」私はついて行きます、と言ったと記されている。親鸞にとっての幸せは、このように心の底から信頼できる人にめぐり会えたことであろう。そして親鸞のすぐれていることの一つは、心から他人を信頼できることである。法然もすばらしい人であろうけれど、親鸞もまたすばらしい人なのである。これは、親鸞の阿弥陀仏を信ずるところに救いがあるとする信仰に基づく。信ずることによって人生を有意義に生きていけるのである。それを法然が教えてくれたことになる。

今日、私どもの社会は危機的な状況にある。経済問題もそうであるが、それとともに憂慮すべきは人間関係である。家庭内の、そして社会の、人を信じられなくなったことによる問題が多発している。昔だって、誰でもがお互いに信用できたわけではない。しかし、今日、人を信じられなくなっている風潮は度を過ごしていると言わねばなるまい。どこから手をつけたらよいか。それは、遠回りのようであるけれど、私たち一人ひとりが人を信じるよう、努力していかねばならないのではなかろうか。

◆感謝の心

阿弥陀仏を信じ、法然を信ずることによって親鸞は幸せを得た。親鸞は法然に対していくら感謝しても感謝しきれなかったにちがいない。親鸞が作った和讃の一つに、次の文がある。

如来大悲《にょらいだいひ》の恩徳《おんどく》は
　身《み》を粉《こ》にしても報ずべし
師主《ししゅ》知識の恩徳も
　ほねをくだきても謝すべし

「阿弥陀如来の人間を思って下さる気持からのご恩に対しては、自分の身を粉にしても努力して報おうではありませんか。阿弥陀如来の救いを伝えて下さった祖師たちに対しても、骨が砕けても努力して感謝の意を表わそうではありませんか」という内容である。浄土真宗の門徒の間では非常に有名な和讃で、「恩徳讃」と呼ばれている。

信頼による喜びには、必然的に感謝の表現が伴うのである。もちろんそれは強制されて表わすのではなく、心からの感謝の気持に基づくものである。

仏教の世界には「依法不依人《えほうふえにん》」という言葉がある。「仏の教えに頼るべきであって、人に頼ってはならない」という意味である。しかし、いくら仏教にこのような考え方があるにしても、私たちは人間の世界に生きて生活を送っている以上、人を信じ、頼るという心がなくなってしまっては私たちの社会は成り立たない。人間社会をさらに円滑にするためには、信頼のうえに成り立つお互いへの感謝が必要である。

バブルがはじけたとはいえ、諸外国から見れば物資が豊富で圧倒的に豊かな日本。安売り競争によって値段の下がった高価な品々にむらがる私たち。他人との協力関係がなくとも、感謝の心なしでも暮らすことができる。近年次々に明らかになる官僚・議員の金銭がらみの汚職。これらは日本人から感謝の気持が失われていく例の最たるものである。彼らは国民の税金で働かせてもらっていることを忘れ、それに対する感謝の気持が欠如してしまったのである。

私たち自身にしても、反省すべきことは大いにあるはずである。バブルがはじけて底なしの不況に陥った日本の社会。経済のレベルで言えば、二十年近く前の水準に戻っただけという。しかし、いったん豊かな生活を経験してしまった私たちは、これであたりまえなんだ、という気持になることがむずかしい。政府が悪い、誰が悪い、と他人のせいにして悪口を言いあう不幸な状態で毎日を送っている。それらの問題の解決には努力しつつ、しかし周りの人たちの中によい点を見て、それへの信頼と感謝の気持を私たち自身が育てていくべきである。

また、若者の中には人間関係を円滑に運べない者が増えている、と言われてから久しい。陰湿ないじめはなくならず、覇気のない人間が増えた。わが子に対してまともな接し方がわからず、暴力を加え続けて死に至らしめる、悲惨としか言いようがない事件も頻発している。「ムカつく」「キレる」と、急に激高する若者も目立つ。人を信じられなくなった恐ろしい時代である。

誤解を恐れずに言えば、これらの主要原因の一つは、「自分らしく生きよう」「自分のことは自分で決めよう、決めることができる」という教育の行き過ぎにあるのではなかろうかと思う。「決めることができる」はずなのに、人間関係の壁にぶつかり、社会の壁にぶつかり、挫折し失意に堕ちる。本人は原因がわからない。

自分らしく生きよと言われても、その自分が何だかわからない。生身の人間関係の中で自分を磨く時間は確実に減っている。受験勉強。家事を手伝わなくともよい。遊ぶ時間がない。本当に必要なのは、友人との交際や家族の中での労働であり、それらの協力関係の中から生まれる感謝の念であろう。人間への信頼と感謝の心は、人間関係の鍛え合いの中でこそ、さらに言えば葛藤の中でこそ育てられる。

私たちは親鸞から信頼と感謝の心を学び、将来の社会を担う若者にも、その心が育つよう努力すべきであろう。

（筑波大学教授）

関東へ向かう親鸞とその家族（水戸・信願寺）

第二部
親鸞の生涯と心の遍歴

1 絶望と出会い
——法然と親鸞

梯《かけはし》 實《じつ》 圓《えん》

一 比叡山での修行

人の一生は出会いによって決まるといわれる。確かに人生はさまざまな出会いの万華鏡である。人はそれによって人格を形成し、環境を造り、千変万化していくのである。

親鸞聖人（一一七三～一二六二）が、その生涯の師法然聖人（一一三三～一二一二）に遇《あ》われたのは建仁元年（一二〇一）、二十九歳のときであった。後年、親鸞はそのときの出来事を主著の『教行証文類《きょうぎょうしょうもんるい》』（『教行信証』）の中で、「しかるに愚禿釈《ぐとくしゃく》の鸞《らん》、建仁辛酉《けんにんかのとのとり》の暦、雑行《ぞうぎょう》を棄《す》てて本願に帰《き》す」と簡潔に記されていた。「建仁辛酉の暦」とは建仁元年のことであり、「雑行を棄てて本願に帰す」とは、法然の教えによって、それまで修行してきた自力の道を捨てて、阿弥陀仏の本願他力に身を任せ、一すじに念仏する身になったことを意味していた。

藤原一門の流れを汲む日野有範《ひのありのり》の長男として誕生された親鸞は、どのような理由でか、九歳のとき、後に天台宗の座主《ざす》となる慈円《じえん》について出家し、叡山《えいざん》に登って天台の教観（教学と実践）を学んでいかれる。二十年にわたる叡山での修学の内容についての詳細はわからないが、天台宗の学僧として人並み以上の学問と修行を積まれていたことはその後の業績からみて明らかである。ただ叡山を降りる時点では、常行三昧堂《じようぎようざんまいどう》の堂僧《どうそう》をつとめられていたという。そこは止観業《しかんごう》の道場であるとともに叡山浄土教の中心道場であって、修行僧である堂僧は持戒堅固な清僧たちであった。

親鸞修行の地（比叡山・無動寺大乗院）

常行三昧は、天台大師（五三八～五九七）の『摩訶止観《まかしかん》』に説かれる四種三昧《ししゆざんまい》の行法の中の一つで、円頓止観《えんどんしかん》の実修として般舟三昧経《はんじゆざんまいきよう》から取り入れた行法であった。それは九十日のあいだ堂内に籠もり、食事と用便のときとを除いて、昼夜を問わず口には常に阿弥陀仏のみ名を称《とな》え、心には阿弥陀仏を念じ、身は常に本尊の周囲を歩き続けるという不眠不臥の超人的な難行であった。それは浄土に往生するというよりも、現身に無数の仏陀たちを見ることを通して、仏陀と自分とが本来一体であると知って煩悩を転換して悟りを完成しようとする修行であった。

わが国では伝教大師《でんぎようだいし》（七六七〜八二二）によって天台宗の行法として取り入れられ比叡山で行なわれるようになっていた。しかし入唐《にっとう》した慈覚大師《じかくだいし》（七九四〜八六四）が、法照禅師（生没年未詳・八世紀後半から九世紀初めに活躍）の始めた「五会《ごえ》念仏」の行法を五台山の竹林寺で学んできて、比叡山の常行三昧堂で実修するようになってからは、従来の行法のほかに、緩やかな曲調で読誦《どくじゅ》する引声《いんぜい》阿弥陀経の勤行《ごんぎょう》が取り入れられ、称名も緩急・高低のあるリズミカルな「五会念仏」が行なわれるようになっていた。念仏を称え続けることから一般には「不断念仏」とか「山の念仏」と呼ばれていた。その期間も、七昼夜とか三昼夜というふうに簡易化されていた。

しかし『止観《しかん》』の常行三昧が現身に悟りを成就しようとしていたのに対して、「五会念仏」の行法は、仏前で自身の罪障を懺悔《さんげ》し、滅罪し、心を浄化して現身に仏陀を見、仏から往生の証明を得て、来世の往生を確認しようとする浄土願生《がんしょう》の行であった。しかし行に難易があり、期待する事柄に違いはあるが、歩き続ける修行であることから同じく常行三昧といわれていたし、懺悔、滅罪して仏を見、仏の説法を聞き生死《しょうじ》を超える確信を得ようとすることでは共通していた。

親鸞も常行三昧堂の修行僧として厳しく戒律を保って、たえず懺悔して無始以来の罪障を滅し、愛憎の煩悩をしずめ、阿弥陀仏をはじめ十方の諸仏をまのあたり拝見して、浄土往生を確実にしていこうとされたにちがいない。しかしいくら修行を続けても、全身に燃え盛る煩悩の火を消すことはできず、眼前に仏を見るというような見仏の体験は得られなかった。

そうした絶望的な修行を続けているところへ、もとは天台宗の学僧であったが、今は東山の吉水に草庵をかまえて、念仏一行の専修をすすめている法然のうわさが伝わってきた。法然の教えを親鸞に伝えたのは、同じ天台の学僧で、六歳年長だった安居院《あぐい》の聖覚《せいかく》であったといわれている。「阿弥陀仏は仏になられる前、法蔵菩薩《ほうぞうぼさつ》という修行者であったとき、善人であれ悪人であれ、出家であれ在家であれ、苦しみ悩むすべてのものを救うて浄土へ迎え取ろうという大悲の願いを起こされた。そして誰でもが、いつでも、何処《どこ》でも、ただ〈南無阿弥陀仏〉と称《とな》えるだけで往生ができるように称名一行を往生の行と選び定め、念仏する者は必ず浄土に生まれさせると誓願し、その誓いを完成して阿弥陀仏と成られたのである。それゆえ善人であれ、悪人であれ、この本願に身をゆだねて念仏する者は、一人ももれなく浄土へ生まれさせていただくことができる。それが阿弥陀仏の本願力の救いであると法然は説いている」というのであった。

しかしこのような法然に対する仏教界の論評は真二つに分かれていた。その信奉者たちは、念

京都・六角堂

仏一つで万人が救われるという専修念仏《せんじゅねんぶつ》の教えこそ真実の仏法であり、法然は大勢至《だいせいし》菩薩の化身《けしん》であるとまで尊敬を奉げていた。しかし従来の仏教の立場を守る人々は、出家・在家の別を無視し、持戒・破戒を選ばないというのは、仏教を破滅する邪教であり、悪人の救いを強調することは人倫を破壊する魔説であると非難していた。叡山では、親鸞の師の慈円をはじめ、多くの先輩、同法は反法然派であった。しかし親鸞は修行の行きづまりを感ずるにつれ、法然の教説に強く引かれるものがあった。

一　観音の夢告

法然のもとへ行くべきか、それとも叡山に止まるべきか、迷いは深まるばかりであった。その間にも死すべき時は容赦なく迫ってくるが、死に耐えられる心境は開けず、「いのち」の行方は全く確かめられていない。焦燥の日が続いた。こうして二十九歳を迎えたとき、ついに意を決して、聖徳太子（五七四〜六二二）の指示を仰ごうとして、六角堂に百日の参籠《さんろう》を行なったという。聖徳太子は、日本に仏教を定着させようとした最初の方として「和国の教主」と崇められ、古くから太子は観世音菩薩の化身であるという聖徳太子信仰が深く浸透していた。京都の市中にあった六角堂（頂法寺）は聖徳太子が開かれた寺と信じられ、その本尊救世観世音菩薩は聖徳太子の本地として庶民の信仰を集めていた。親鸞が自身の歩むべき道を和国の教主聖徳太子に尋ねようとされたのは、道に迷ったときはまず原点に還って出直すのが最良であるという原則に従ったのである。

参籠が九十五日目に及んだ明け方、太子の本地観世音菩薩の示現にあずかることができた。親鸞の妻、恵信尼《えしんに》はそのときの様子を次のように消息に書き残している。

山を出でて、六角堂に百日籠《こも》らせたまひて、後世《ごせ》をいのらせたまひけるに、九十五日のあか月、聖徳太子の文《もん》を結びて、示現《じげん》にあづからせたまひて候《そうら》ひければ、やがてそのあか月出《い》でさせたまひて、後世のたすからんずる縁にあひまゐらせんとたづねまゐらせて、法然上人にあひまゐらせて、また、六角堂に百日籠らせたまひて候ひけるやうに、また百か日、降《ふ》るにも照るにも、いかなる大事にもまゐりてありしに、ただ後世のことは、よき人にもあしきにも、おなじやうに生死出《しょうじい》づべき道をば、ただ一すぢに仰《おお》せられ候ひしを、うけたまはりさだめて候ひしかば、「上人のわたらせたまはんところには、人はいかにも申せ、たとひ悪道にわたらせたまふべしと申すとも、世々生々《せせしょうじょう》にも迷ひければこそありけめとまで思ひまゐらする身《み》なれば」と、やうやうに人の申し候ひしときも仰せ候ひしなり。

これは親鸞がご往生された直後に、そのころ越後に住んでおられた恵信のもとへ、京都にいた末娘の覚信尼《かくしんに》（王御前）から、親鸞ご往生の知らせを受けたのに対する返信の一部である。それは妻として、また母として、末娘に親鸞の生涯を貫く信仰の原点を確かに伝えようとしたものであった。

「比叡の山を出て、六角堂に百日間お籠もりになって、後生《ごしょう》の助かる道をお示し下さるようお祈りになったところ、九十五日目の暁（午前四時頃）、夢とも現《うつつ》ともなく聖徳太子（観世音菩薩）が現われ、お作りになった御文をお示しいただかれましたので、すぐにその暁にお堂を出られて、後生の助かる縁に合わせていただこうと、吉水の草庵をお訪ねになり、法然上人にお遇《あ》いになりました。それから六角堂に百日お籠もりになったように、また百日の間、降る日も照る日もどんな支障があろうと欠かさずに法然上人をお訪ねになりました。そのとき上人が、後生のことは、善人であれ、悪人であれ同じように生死を離れることのできる本願念仏の道のあることを、ただ一すじに仰せ下さいましたのを聞き定めましたので、上人の行かれるところならば、人はどのように申されようと、たとえ法然は地獄へ堕ちて行かれるにちがいないと言われようと、私は遠い過去の世から今まで迷い続けてきた者で、もし法然上人に遇えなかったならば、きっと永劫迷い続けるであろう身ですから、たとえ悪道であっても上人の行かれるところならば一緒に行こうとまで思っていると、さまざまに人が申したときも（殿は）仰せになりました」というのである。

これによって親鸞の六角堂参籠は、法然が「後世のたすかる縁」であるかどうかの指南を得るためだったことがわかる。得難《えがた》い人身を得、遇《あ》い難《がた》い仏法に遇いながら、空しく迷妄の闇の中をさまよい続けねばならない自分が口惜しい。このままでは死ぬに死ねない。そういった思いが、「後世のたすかる縁」を求めての参籠となったのである。

そして九十五日目の明け方、ついに聖徳太子（観世音菩薩）の夢告《むこく》を得る。しかしその夢の告《つ》げが何であったのか定かではない。実は恵信は、この手紙の中で、その「御示現の文」を別紙に書いて送ると言われているが、残念ながら現在は失われて見ることができない。それは「廟窟《びょうくつ》偈《げ》」の一部であろうという説と、覚如《かくによ》上人の『御伝鈔《ごでんしょう》』の「六角堂夢想の段」に出てくる観音の夢告がそれであろうという説とに分かれて論議されてきた。「廟窟偈」というのは、河内（大阪府）の磯長《しなが》にある聖徳太子のご廟の中に記されていたという七言二十句の偈（詩）である。このご廟には太子と、太子の母后の穴穂部間人《あなほべのはしひと》と、太子の妃の膳大郎女《かしわでのおおいらつめ》の三人の遺骨が納められているというので三骨一廟と呼ばれている。それについて太子が詠まれたという詩が「廟窟偈」である。その二十句の中の八句を聖人が写された真蹟の文書が金沢の専光寺に伝わっている。

我身救世観世音（わが身は救世《ぐぜ》観世音なり）
定慧契女大勢至（定慧《じょうえ》契《ちぎ》りし女は大勢至《だいせいし》なり）
生育我身大悲母（わが身を生育せる大悲の母は）
西方教主弥陀尊（西方の教主弥陀尊なり）
為渡末世諸衆生（末世の諸の衆生を渡さんが為に）
父母所生血肉身（父母所生《しょしょう》の血肉の身を）
遺留勝地此廟窟（勝地たるこの廟窟に遺留して）
三骨一廟三尊位（三骨一廟にするは三尊の位なり）

というのである。聖徳太子自身は救世観世音菩薩であり、お妃は大勢至菩薩であり、母后は阿弥陀仏であるといい、三人をいわゆる阿弥陀三尊に配当したものである。そして三人の遺骨を一つの廟に留めるのは末世の衆生を済度するためであるというのである。この偈《げ》は、『恵信尼消息』の「聖徳太子の文を結びて」といわれたものとよく合うし、また家庭生活を暗示するものと見ることもできるというので、「御示現の文」とするのである。しかしこれは磯長のご廟を阿弥陀仏信仰と結びつけるもので、ご廟への参詣を勧めたものといえようが、親鸞を法然と結びつけるものにはなりにくいのではないかと思われる。

そこで古来多くの人は『御伝鈔』の「六角堂夢想の偈《げ》」と同じものであったとしている。ただし『御伝鈔』には、「建仁三年［癸《みずのと》亥《い》］四月五日の夜寅《とら》の時、上人（親鸞）夢想の告げましましき。かの『記』にいはく」と記されていて、「建仁三年（一二〇三）癸亥」親鸞三十一歳のときの出来事になり、「建仁元年（一二〇一）辛《かのと》酉《とり》」、聖人が二十九歳のときのことではなくなっている。しかし『御伝鈔』も最初期に書かれたものには「建仁三年辛酉」となっていたのを後に干支《かんし》を「癸亥」に変更されたものであることがわかる。実は干支はそのままにして年号の方を変えるべきだったのを間違えられたものと考えられる。この『御伝鈔』に「かの『記』にいはく」といわれた『記』とは、下野《しもつけ》高田の真仏が書写された「親鸞夢記」を指していた。真仏は正嘉二年（一二五八）、親鸞が八十六歳のときに五十歳でご往生されているから、その伝承は親鸞から直接聞き伝えたものであったことがわかる。そこには年号は記されていないが、高田派では、「建仁元年辛酉」、聖人二十九歳のときのこととして伝承されてきた。

その「親鸞夢記」や『御伝鈔』によれば、聖徳太子の本地、救世観世音菩薩は僧形《そうぎょう》（出家の姿）で、身には白い袈裟をまとい、広大な純白の蓮華座に端坐して現われ、親鸞（善信）に、

行者宿報設女犯（行者宿報にてたとい女犯《にょぼん》すとも）

我成玉女身被犯（われ玉女身《ぎょくにょしん》となりて犯されん）

一生之間能荘厳（一生の間よく荘厳《しょうごん》して）

臨終引導生極楽（臨終には引導して極楽に生ぜしめん）

とお告げになった。「そなたがもし宿世の報いによって、戒律を破り妻帯するようなことがあれば、私（観音）が玉女身（麗《うるわ》しき女人）となって、そなたの妻になろう。そしてそなたの一生を仏道として美しく荘厳し、臨終には極楽へ導いていくであろう」と言われたのである。しかも観世音菩薩は、「これはこれわが誓願なり。善信この誓願の旨趣《しいしゅ》を宣説して、一切群生《ぐんじょう》にきかしむべし」と言われたというのである。

親鸞にとってこの夢の告げは、破戒し、妻帯して在家の生活をいとなむままで極楽へ生まれることのできる道があり、しかもそれは阿弥陀仏の大悲の徳を表わす観音菩薩が承認された真の仏道であるということを暗示していた。妻子をかかえて、政治という俗事を行ないながら、それを仏道としていった聖徳太子の生き方とそれは符合《ふごう》していた。観世音菩薩は、聖徳太子となってその誓願をわが国に広めて下さったのだ。それはまたいま現に吉水の草庵にあって持戒・破戒を選ばず、出家・在家を問わず、ただ念仏だに申せば極楽に往生すると教えているという法然の専修《せんじゅ》念仏《ねんぶつ》の道に通ずるではないか。こうして、親鸞は六角堂を出て、吉水の草庵に法然を訪ねていかれたのであった。建仁元年四月五日の暁のことであった。

法然のもとへ

法然は、おそらくこの若い修行僧の上に、ひたむきに道を求めた若き日の自身を見るような思いがしたことであろう。「阿弥陀仏は平等の大悲に催されて、善人も悪人もわけへだてなく生死《しょうじ》を超えさせるために一切の自力諸行を選び捨てて、易行《いぎょう》の念仏に仏の徳のすべてをこめて往生の行として選び取り、お願いだから念仏して浄土に生まれ来たれと願われている。それが念仏往生の本願である。それゆえ念仏する者は、どのような人であれ本願力に乗じて往生を得させていただくのである」とただ一すじに説かれたという。それは今まで親鸞が学んできた、悪を廃して善を積み、自ら心を浄化してのみ生死を超えて涅槃に至ることができるという自力聖道《しょうどう》の道とは全く異なった教えであった。

親鸞は、その道の真実を確かめるために、六角堂に百日参籠したように、さらに百ヶ日、一日もかかさず吉水の草庵に通い続けていったという。こうして善人であれ悪人であれ、その人がその人として生き死にしていく、そのかけがえのない「いのち」に、無限の大悲を注ぎ、そのままを包摂《ほうせつ》し、安住の地を与えたまう阿弥陀仏の本願の広々とした世界に心開かれていったのであった。

『歎異抄』第二条によれば、親鸞の晩年、関東の門弟たちが上京してきて、往生極楽の道を聞きただしたときにも、恩師法然から承《うけたまわ》った本願の念仏の信心を語って、

親鸞にをきては、ただ念仏して弥陀にたすけられまひらすべしと、よきひと（源空）の仰せをかぶりて、信ずるほかに別の子細なきなり。念仏は、まことに浄土に生まるるたねにてやはんべるらん。また地獄におつべき業《ごう》にてやはんべるらん。総じてもて存知《ぞんち》せざるなり。たとひ法然聖人にすかされまひらせて、念仏して地獄におちたりとも、さらに後悔すべからず候ふ。

とズバリ言いきられている。それは先の『恵信尼消息』と軌を一つにしていた。まさに親鸞の九十年の生涯は、法然の教えの真実をわが身にかけて確認し、深めていく、いわば道場であったといえよう。

（浄土真宗本願寺派勧学）

2 流罪で得たもの

矢田了章《やたりようしよう》

一 念仏弾圧

親鸞聖人は、承元《じようげん》の法難によって越後に流罪となった。世間的な視点からすると、人生を一変させてしまうほどの挫折と見えるのかも知れない。一般論としては、挫折は汚点であり、挫折することなく人生を順調に生きること、それが理想の生き方であると言える。今世間的には挫折とも考えられるこの流罪ということを、親鸞聖人はどのように捉え、それをいかに生きたのだろうか。

親鸞聖人の主著『教行信証《きようぎようしんしよう》』の結びには、承元元年（一二〇七）の専修念仏《せんじゆねんぶつ》の弾圧にふれて、次のように記されている。

> ひそかにおもんみれば、聖道《しようどう》の諸教は行証《ぎようしよう》久しく廃《すた》れ、浄土の真宗は証道いま盛りなり。しかるに諸寺《しよじ》の釈門《しやくもん》、教に昏《くら》くして真仮《しんけ》の門戸《もんこ》を知らず、洛都の儒林、行に迷《まど》ひて邪正《じやしよう》の道路を弁《わきま》ふることなし。ここをもつて興福寺の学徒、太上《だじよう》天皇、後鳥羽《ごとば》の院と号す、諱尊《いみなたか》成《なり》。今上《きんじよう》、土御門《つちみかど》の院と号す、諱為仁《ためひと》。聖暦、承元丁卯《ひのとのう》の歳《とし》、仲春上旬の候に奏達す。主《しゆ》上臣下《じようしんか》、法に背《そむ》き義に違し、忿《いかり》を成し怨《うらみ》を結ぶ。

承元の法難と言われるこの念仏弾圧では、住蓮、安楽ら四人が死罪に、また法然上人と門下七人が流罪に処せられたが、このことについて、親鸞聖人は、「主上臣下、法に背き義に違し、忿を成し怨を結ぶ」と、この時代にこれほど徹底した批判を天皇に向けた者は外にはないと言われているほどの、激しい怒りをあらわにしている。何故このように激しく批判したのだろうか。

親鸞聖人が自らの流罪を記するに際して、まず述べていることは、聖道門《しようどうもん》の教えでは悟りを開くことができず、浄土真宗のみが民衆を救済し得る唯一の教えであること、また聖道門も思想家も何が真実なのかを全く判断できなくなっているということである。それは親鸞聖人が二十年間にわたる煩悶と模索を経て、法然上人と出会い、「生死《しようじ》いづべき道」が開かれて、ようやく気づいたものであった。八万四千の法門の中で唯一浄土真宗のみが、「生死いづべき道」であり、自己が生きるということの意味をまことに明らかにするものであった。

この気づきにおいて、浄土真宗を弾圧し葬り去ろうとすることの非を糺《ただ》したのである。弾圧を受け、しかも流罪に処せられるということは世間的には挫折と見られるであろうが、親鸞聖人からすれば、人間が生きるということの本当の意味を知る唯一の手だてを、民衆から奪い去るものであった。われらにとってかけがえのない真宗の興隆を阻止する行為について、「主上臣下、法に背《そむ》き義に違《い》し、忿《いかり》を成し怨《うらみ》を結ぶ」と激しく批判したのである。

親鸞聖人は晩年、「念仏の人々の御中」に宛てた『御消息』の中で、

詮ずるところは、そらごとを申し、ひがごとをことにふれて、念仏のひとびとに仰せられつけて、念仏をとどめんとするところの領家《りようけ》・地頭《じとう》・名主《みようしゆ》の御はからひどもの候ふらんこと、よくよくやうあるべきことなり。そのゆゑは、釈迦如来のみことには、念仏するひとをそしるものをば、「名無眼人《みようむげんにん》」と説き、「名無耳人《みようむににん》」と仰せおかれたることに候ふ。……中略……この世のならひにて念仏をさまたげんひとは、そのところの領家・地頭・名主のやうあることにてこそ候はめ、とかく申すべきにあらず。

（結局のところは、有りもしない作りごとを言い、真実を取り違えた誤ったことを、事ある毎に念仏を称《とな》えている人たちになすりつけて、念仏をさせまいとすることが、その土地の領家・地頭や名主たちの策動によって起こされることとは、充分あり得ることであります。何故

かと言いますと、お釈迦様のお言葉には、念仏をする人のことを悪く言う者のことを「ものを見ようとしない人と名づく」と説かれ、「ものを聞こうとしない人と名づく」と言い残されておられるからです。……中略……この娑婆世界ではよくあることであって、念仏が称えられひろがることを妨害する人は、その土地の領家・地頭や名主たちであり、彼らの立場においての理由があるのであります。仏法に根ざさないこざかしい議論を彼らにしかけてあれこれ言うべきではありません）

と記している。念仏する者が領家・地頭・名主という支配階級の者から弾圧を受けることは、この世の習いでありよくあることであると言われる。生死いずべき道を聞き開いた親鸞聖人の目には、権力者が自らの立場を維持するために行なう行為が、まさしく「そらごと」であり「ひがごと」であると見抜かれている。流罪となることの表面的な不当性を批判したばかりではなく、体制維持のために、その底にある人間が真に生きることを阻止しようとする為政者の迷妄性をも批判したのである。

二　非僧非俗

『教行信証』の念仏弾圧の文章は、先の引用に続いて次のように記している。

これによりて、真宗興隆の大祖《たいそ》源空法師《げんくうほっし》ならびに門徒《もんと》数輩《すはい》、罪科を考へず、猥《みだ》りがはしく死罪に坐《つみ》す。あるいは僧儀を改めて姓名《しょうみょう》を賜《たも》ふて遠流《おんる》に処す。予《よ》はその一つなり。しかればすでに僧に非ず俗に非ず。このゆゑに禿《とく》の字をもつて姓《しょう》とす。

親鸞聖人は、著述や書簡で、自分自身のことをほとんど述べていない。ところが、この流罪についてはきわめて具体的に記述しており、親鸞聖人にとっていかに重要な意味を持っていたかがわかる。親鸞聖人は還俗《げんぞく》させられ流罪になったが、この時をもって「僧に非ず俗に非ず」と、その後の生き方を表明した。

「非僧」とは、僧尼令《そうにれい》によって定められた国家公認の僧ではないということである。比叡山を下りて法然の門下となってもまだ天台の僧であったが、この後、親鸞聖人は二度と僧に戻ることはなかった。法然上人の門下となり、弥陀の本願に生死いずべき道を見い出した親鸞聖人にとって、国家の統制・保護のもとで僧であり続ける必要性は、仏道実践上全くない。戒律・修行・学問等、僧として必須とされたものは、何一つ必要ではない。一人の煩悩を具足した人間としてあることだけで充分であった。念仏者として生きるうえで不必要なものが、この流罪という縁によって捨てられたのである。この意味で「非僧」とは、弥陀の本願により深く帰依して生きることを表明した言葉なのである。また「非俗」とは、世俗の中にありながら、世俗の欲望を満足さすことに、生きがいを見い出すような生き方はしないという表明である。この意味で親鸞聖人にとって、「非僧」はそのまま「非俗」のことであったといえる。

この非僧非俗を具体的に表明するために、「禿《とく》」の字を自らの姓としたが、覚如《かくにょ》上人の『改邪《がいじゃ》鈔《しょう》』によれば、賀古《かこ》の教信沙弥《きょうしんしゃみ》の生き方を理想としておられたと記されている。教信沙弥は興福寺の僧であったが、寺を出て草庵を結び、髪も剃《そ》らず法衣《ほうえ》も着けず、妻帯をして在俗の生活の中で、念仏三昧の一生であったと伝えられている。在俗の営みのままで、弥陀の本願に直接し、生きることのまことの意味が知られることこそ、非僧非俗の立場であるといえる。

親鸞聖人は流罪に際して、次のように言われたと『親鸞伝絵』には記されている。

大師聖人源空、もし流刑に処せられ賜《たま》わずば、我れまた配所《はいしょ》に赴《おもむ》かんや。もし我れ配所に赴かずんば、何によりてか辺鄙《へんぴ》の群類を化《け》せん、これ尚《なお》師教《しきょう》の恩致《おんち》なり。

弥陀の本願との値遇《ちぐう》で、生きることのまことの意味が知られた親鸞聖人にとって、この感激を一人でも多くの人に伝えたい、今その縁が開かれようとしている。流罪とは、まさしく非僧非俗の実践そのものと位置づけられるのである。

二　流罪生活

親鸞聖人の流罪の生活は、五年に及んでいる。流刑者の生活は『延喜式《えんぎしき》』によると、秋の収穫までは一日に米一升と塩一勺《しゃく》が支給されるが、自らが播種、収穫後は支給が停止され、以後は自給自足しなければならない。下級とはいえ貴族の生まれである親鸞聖人にとって、田畑の耕作ということは、初めての体験であったであろう。

また、親鸞聖人の結婚についてはさまざまな学説があるけれども、この越後流罪時代に三善《みよし》氏の娘恵信尼《えしんに》と結婚して、数名の子女をもうけていることは明らかである。この越後において、家庭生活を営み、生命をつなぐために生産活動に従事したことは、外見的には民衆と同じ生活であった。しかしすでに「雑行《ぞうぎょう》を棄てて、本願に帰」していた親鸞聖人にとって、民衆と同じ苦悩の中での生活でありながら、異なるところは、流罪生活のいちいちが、弥陀の本願により深くうなずく機縁であり、生きることの意味をまさしく体解《たいげ》する場であったところである。煩悩に眼《まなこ》さえられ、目先の枝葉末節に囚《とら》われて、人間にとって最も肝心な事柄を見失っている、まさに「煩悩成就」した己の姿が、流罪生活においてはっきりと信知されたのである。

唯円《ゆいえん》は『歎異抄』（第十三条）に、次のような親鸞聖人の言葉を示している。

海・河に、網をひき、釣をして、世をわたるものも、野やまに、ししをかり、鳥をとりて、いのちをつぐともがらも、商《あきな》ひをもし、田畠をつくりて過ぐるひとも、ただおなじことなり。

さるべき業縁《ごうえん》のもよほせば、いかなるふるまひもすべし……

社会的地位、職業がどのように異なっていても、人間はみな同じ。人生成功しようが失敗しようがみな同じ。業縁次第では何をしでかすかわからない己の不確かさからすれば……。親鸞聖人の越後時代はまさしく内観の時代であった。

流罪が解かれ、家族を伴って関東に向かわれる途中、親鸞聖人は上野《こうづけ》佐貫《さぬき》で、おそらくは飢饉であろうが、苦悩の中で喘《あえ》ぐ民衆のために、浄土三部経の千部読誦《どくじゅ》を思い立たれた。民衆の依頼を受けてであろうが、弥陀の本願を信ずる者は、その喜びを一人でも多くの人に伝えることにこそ心を砕くべきだと気づき、読経《どきょう》を中止した。このとき親鸞聖人は自力の執心から離れ難いことを告白している。親鸞聖人は、身の上に起きた三部経千部読誦ということを通して、阿弥陀仏に背反している自己の本性が信知され、その者をこそ助けるという阿弥陀仏にますます深く頷《うなず》かれてゆくのである。

親鸞聖人は、法然上人から生きることのまことの意味を教授され、その心において以後の人生を生きられた。社会的にどのように評価されようとも、生命の一瞬一瞬を、弥陀の摂取の中で、生き生きと生きて往かれたのである。

（龍谷大学教授）

3 悪人こそ正機と説く

安《やす》冨《とみ》信《しん》哉《や》

一 東国への移住

親鸞の東国時代に目を注ぐとき、流罪赦免後、越後から常陸《ひたち》へと移住した建保二年（一二一四）のときのエピソードがまず想い起こされる。この年、諸国が炎干に見舞われたために、将軍は僧侶に祈雨《きう》のために『法華経』の転読《てんどく》を命じ、緇素貴賤《しそきせん》ともども経典を読誦《どくじゅ》した（『吾妻鏡《あづまかがみ》』）。『恵信尼消息《えしんにしょうそく》』によれば、この惨禍に直面した親鸞は、上野《こうづけ》の国の佐貫《さぬき》（今の群馬県邑楽《おうら》郡佐貫）で、衆生利益《しゅじょうりやく》を祈って、三部経千部読誦を発願し、やがて「名号《みょうごう》のほかには何事の不足にて、必ず経を読まんとするや」と想いかえしてこれを中止したと伝えられる。

度々襲う飢餓の中で、人々は、生きるために口に入るものは雑草や虫に至るまで食料とした。

また家族を養うために、他人の食物を奪うという所業に及ぶこともあった。もはや諸寺の高僧が勧める善根功徳を積むことなど、求めても為《な》しえないことであった。しかしこういう暗黒の時代に、人間の真実の姿が鏡に映るように赤裸々に見えてきたのである。極限状況の中にあればこそ、人間の実相が露《あら》わになる。この人間の真実の姿の発見が、逆に人間を真実の仏教、いや仏教の真実へと向かわせたのである。親鸞の「悪人こそ本願の正機《しょうき》（阿弥陀如来の救済の本当の目あて）である」とする説は、そのような危機的状況の中で受けとめられた救済観である。

二　「悪人正機」説への視座

善人なをもて往生をとぐ、いはんや悪人をや。しかるを世のひとつねにいはく、悪人なを往生す、いかにいはんや善人をやと。この条、一旦そのいはれあるににたれども、本願他力の意趣にそむけり。（『歎異抄』第三条）

この言葉は、『歎異抄』全体がそうであるように、壮年時代に親鸞が教化した東国の同行《どうぎょう》を対象に説かれたものである。当時の多くの人々は、毎日の生活の中で罪悪を怖れ、未来の往生に不安を抱いていた。そのような念仏の同行に対して親鸞は、「煩悩具足《ぼんのうぐそく》のわれら」と告白して、彼らに同感し、〝本願われらにあり〟と呼びかけるのである。まさに不安な庶民の同伴者として生きた聖人の面目を躍如《やくじょ》と示している。

このような具体的な背景を考慮しないと、私たちは悪人正機の教説を、抽象的・観念的に解釈したり、悪をすすめる非常識的・反倫理的な言葉として誤解することになる。

これは『歎異抄』を編集した著者の意図とも密接にかかわってくるが、各条は相互に連絡している。したがって私たちは本抄の一条をとり上げてその思想を尋ねようとする場合、全体的な視野から考察してゆく必要がある。

悪人正機の一条にスポットをあててみるとき、いつも、筆者の脳裡に浮かぶのは、近角常観《ちかづみじょうかん》(一八七〇～一九四一)の「前後照応歎異抄」の指摘である。近角は、『歎異抄』は、前序から第九条まで、第十条から後序《ごじょ》までがそれぞれ各条ずつ照応して、信仰上の異義を正すという内面的構成をもっていると主張した(参照『歎異抄愚註』)。もっともな指摘と思うが、これによって見れば、第三条悪人正機章は、第十三条と呼応する。悪人正機の思想を理解しようとする場合、第十三条を通して尋ねることは、一つの具体的な理解の道筋となるであろう。

一　業縁存在としての私

第十三条の前半に、親鸞と唯円《ゆいえん》との間に交わされた次のような生き生きとした対話が載《の》せられている。

「唯円坊、私の言うことを信じるか」

「もちろんでございます」

「二言はないね」

「はい」

「では、人を千人殺してごらん。そうすれば往生は確実だよ」

「せっかくのお言葉ではございますが、私の器量をもってしては、千人どころか一人だって殺すことなどできません」

「君はさっき私の言うことを信じると申したではないか」

「……」

「だから知ることだ。何事でも、自分の思いどおりになることであれば、往生のために千人殺せと言われれば殺すこともできよう。しかし一人でも殺す業縁《ごうえん》がないから殺さないのだ。わが心のよくて殺さないのではない。また殺すまいと思っても百人千人を殺すこともあるのだ」

初めに軽い調子で問うた親鸞は、人間は自分の意志のままになると思い込んでいる唯円をやがて鋭く追いつめ、厳しい調子で誡める。誰しも「業縁《ごうえん》」がきざすならば、自分は欲しない残虐な行為に陥ることすらあるのだ、と。

親鸞は、その生涯の間に時代社会の移り目に特有な残虐と暴挙をまのあたりにした。阿修羅《あしゅら》となって殺し合う人間の〈殺〉の姿を目撃した。親鸞が若き日を過ごした都《みやこ》の動乱の有り様は、この世が火宅《かたく》であり末法であることを否定しようもなく印象づけた。血で血を洗う合戦の連続は、仏教の説く無明《むみょう》の深さを改めて脳裡に焼きつけた。

流罪で辺境に流浪する身となって、親鸞は、また別な〈殺〉の場面に行きあった。たとえば生き物を殺し、皮を剥《は》ぎ、食肉を作るという殺生《せっしょう》を生業《なりわい》とする猟師と共に生活することになる。親鸞の肖像画「熊皮《くまがわ》の御影《みえい》」は、熊皮に坐す親鸞を描いた傑作であるが、その熊皮は、聖人が交わった猟師より贈られたものであろう。当時の猟師は、どのような人々であったのだろうか。あるエピソードが想い出される。

常陸の国に滞在したころ、親鸞は、雪の中、ある猟師の家に一夜の宿を乞うたが、主人は、この旅僧を拒み、やむなく石を枕にして一夜を過ごしたという。主人の左衛門は、実は自らの罪悪への恐れから、これを見つめることを避けたのである。倉田百三『出家とその弟子』の挿話が伝えるように、やがて左衛門は親鸞の教化に触れて、念仏者となる。枕石寺《ちんせきじ》の入西房道円の来歴である。

「石を枕に…」の親鸞像（枕石寺）

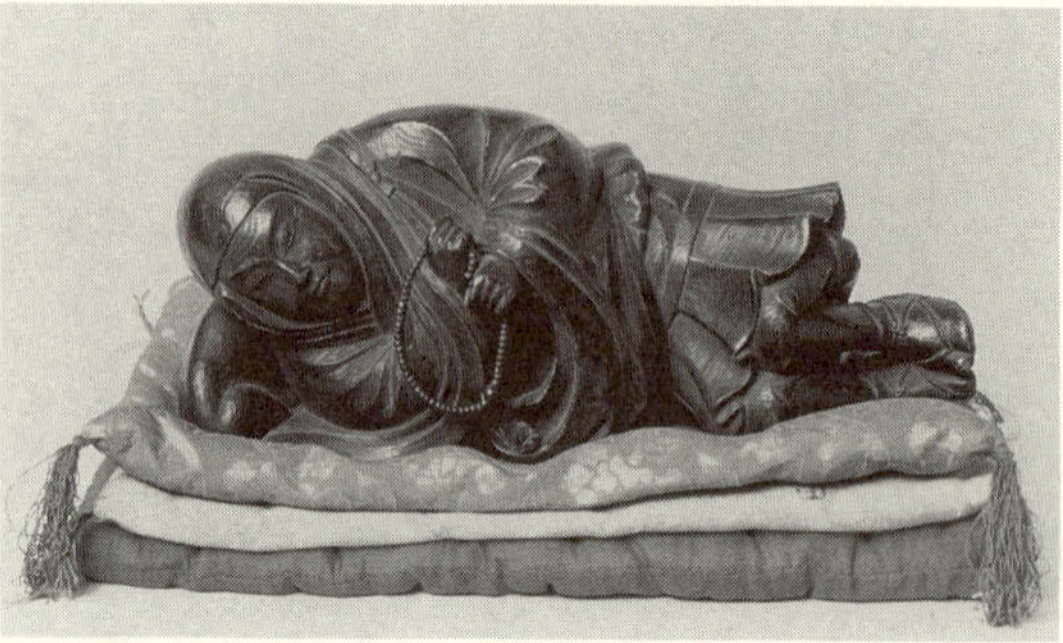

この日野左衛門の故事が伝えるように、彼らにとって、死後地獄に堕ちて苦しむのではないかという職業上の不安は強烈であり、それ故にこそ、必死に親鸞に往生極楽の道を問い聞いたのではないか。そんな中で親鸞は、救いなき罪悪者なればこそ、弥陀の本願が起こされたのだと確かに信受し、この悪人正機の教えを末法の灯として、苦悩する者の上に積極的に掲《かか》げるのである。

二　人間業を生きる

親鸞は、東国の辺境で、大地を這って生きる底辺民衆の姿に接した。彼らは、大無量寿経が呼ぶ「群萌《ぐんもう》」すなわち雑草のように大地に群がって生きる人々であった。流罪を契機に、親鸞は、群萌の只中に投げ出され、土にまみれて生きる群萌の一人として、本願の教え＝念仏成仏の教えを、唯一の有縁《うえん》の法と心に決して歩んでいくのである。そのとき親鸞は、かつて僧分のころには見えなかった人間の実相を如実に見ることができるようになる。同じ『歎異抄』第十三条の後半に、次の一節がある。

海・河に、網をひき、釣をして、世をわたるものも、野やまに、ししをかり、鳥をとりて、いのちをつぐともがらも、商《あきな》ひをもし、田畠《でんぱた》をつくりて過ぐるひとも、ただおなじことなり。親鸞の周りにいた生活者の具体相がここに明瞭に記されている。漁夫や猟師は殺生する者である。商人は二枚舌を使う者である。殺生・両舌《りょうぜつ》、いずれも仏教の戒律条項に触れ、救いがたいといわれる人々である。それらの人々は、「屠沽《とこ》の下類《げるい》」（『聞持記』）とも呼ばれる。親鸞は、この「屠沽の下類」について、「屠は謂《い》わく殺を宰《つかさ》どる、沽はすなわち醞売《うんばい》、かくのごときの悪人」（『教行信証』信巻）と註している。仏教で重罪とみなされることを生業として世を過ごしている人々、それが「悪人」といわれる。

自ら底辺民衆の中に身を置き肉食妻帯《にくじきさいたい》の仏者として生きた親鸞は、生活するということは、殺生・両舌の二大罪悪のうえに成り立っているということを身をもって知った。欲しなくても、ある状況の中ではさまざまな所業《しょごう》に追いやられる。同じ第十三条に、

さるべき業縁のもよほせば、いかなるふるまひもすべしとこそ、聖人は仰せ候ひし。

――と回想されている。この一節は、先の千人殺害の喩《たとえ》の「一人でも殺す業縁がないから殺さないのだ。わが心のよくて殺さないのではない」という教誡と呼応している。私たちは誰もが業縁に生きている。因縁所生《いんねんしょしょう》の身である。その人間業の事実に眼を開くとき、それぞれの業縁の中

に人生を過ごしている人々への共感が深くなってくる。

二　あまねく衆生と共に

辺境に生きる貧しき人々と共に生を営むことを通して、人間の業縁性に眼を見開いた親鸞は、自他差別の想いを超えて、

りょうし・あき人《びと》、さまざまのものは、みな、いし・かわら・つぶてのごとくなるわれらなり。(『唯信鈔文意《ゆいしんしょうもんい》』)

と宣言する。猟師・商人すなわち「屠沽の下類」を「いし・かわら・つぶてのごとくなるわれら」と言いきる。「いし・かわら・つぶて」という言葉は、私にさまざまなイメージを喚び起こす。大地に投げ出され、太陽に焼かれ、風雨に晒《さら》された自然人。文字の心も知らず、本能のままに生きる原始人。為政者からは石塊《いしくれ》のように打ち棄てられた下層民……。しかし、その「いし・かわら・つぶて」のような生き様《ざま》をしている人々を、親鸞は「われら」と呼ぶ。それは、蔑《さげ》すまれた人々と同一の地平に身を置いて生きたことを示す。

親鸞が立ったこの「われら」の地平——。これこそ大乗仏教の原点である「普共諸衆生《ふぐしょしゅじょう》」(あまねく諸々《もろもろ》の衆生と共に)の地平ではないか。この地平に立つところに大乗の仏者の証《あか》しがある。

五濁悪世《ごじょくあくせ》のわれらこそ
　金剛の信心ばかりにて
ながく生死《しょうじ》をすてはてて
自然《じねん》の浄土にいたるなれ
　　　　（「高僧和讃」善導）

苛酷な生の現実を生き抜く勇気を念仏に賜わって、親鸞は、東国の信仰の友を御同朋《おんどうぼう》と仰ぎつつ、浄土に向かって一すじに歩んだのである。

（大谷大学教授）

4　帰洛後の親鸞

瓜生津隆真《うりうづりゅうしん》

一　帰洛後の生活

聖人の帰洛年次については、確実なことは今なお不明であるが、六十二、三歳ころでなかったか、と推定されている。また古来、帰洛に当たっては妻子と別れ、単身であったと考えられてきたが、この推測は訂正され、家族を同伴して帰られたのであり、妻恵信尼《えしんに》はかなり長い間、聖人と共に在京したことが認められるようになった。

帰洛の理由については、これも推測するよりほかないが、少なくともその主な理由に、『教行信証《きょうぎょうしんしょう》』の完成ということがあった、といえよう。その他、関東における念仏弾圧の鋒先をさけるためであったとか、京都における法然教団の荒廃を見捨てておけなくなったためとか、いくつかの理由が考えられている。しかしいずれもはっきりしたことはわかっていない。

帰洛後、親鸞一家はどこに住居を定めたのであろうか。『親鸞伝絵』（御伝抄）には、「長安洛陽の棲《すみか》も跡をとどむるに懶《ものうし》とて、扶風馮翊《ふふうふよく》ところどころに移住したまひき。五条西洞院《にしのとういん》わたり、これ一つの勝地なりとて、しばらく居をしめたまふ」と記されている。これによると、転々と京都の町中を移られたような印象をうけるが、他に居住の場所を示している記録もないから、一家はおそらく五条西洞院の地に居を定め、のち建長七年（八十三歳）に火災にあって弟尋有の宿坊であった三条富小路《とみのこうじ》の善法院に移るまで、ここに住んでおられたのであろう。

ところで聖人一家の生活は、かなり困窮し、主に関東門弟たちからの志のもの（仕送り）に頼っていた、という説が行なわれていた。しかしこれはうがちすぎであって、京都には数少ないが肉親や縁故もあり、日野宗家《そうけ》との交渉もあって、生活に困るようなことはなかった、と思われる。しかし、関東からの志のものがしばしば送られてきたことは事実であって、そのたびに聖人は感謝の心をこめて、受け取りの手紙を出されていたことは、今日残っている聖人の手紙によって明らかである。

ところで、帰洛後、聖人はもはや関東時代のように、積極的な念仏伝道の活動を行なわれず、もっぱら『教行信証』の完成に専念し、あるいはその間に『唯信鈔《ゆいしんしょう》』『一念多念分別事』『自力他力事』『後世《ごせ》物語聞書』などを書写して関東に送るなど、隠棲の生活を送られたようである。『教行信証』の完成は、七十五歳ごろと考えられるが、そのことは、寛元五年（七十五歳）二月五日、尊蓮（伯父範綱の子）が聖人自筆の秘本によって、書写していることを伝えていることから推測できる。しかし、その後も聖人はたえず加筆添削をされていて、それは最後まで続いたようである。このようなことは、他の著作についても見られるのであり、いかに聖人が著述に細心の注意を払い、几帳面な努力を傾けられていたかがわかるのである。

ともかく、畢生の大著『教行信証』が七十五歳ごろ一応完成することになるが、翌宝治二年（七十六歳）の正月に、『浄土和讃』と『高僧和讃』を著されている。この両和讃は、建長七年（八十三歳）に再治されたが、さらにその後も増訂をされている。八十五歳から八十六歳にかけて著された『正像末和讃』と合わせて、『三帖和讃《さんじょうわさん》』というが、この『三帖和讃』と先の『教行信証』が、聖人の代表作であって、その間に、『唯信鈔文意《ゆいしんしょうもんい》』『尊号真像銘文《そんごうしんぞうめいもん》』『一念多念文意《いちねんたねんもんい》』、その他の諸著作が次々と書きあげられている。最後の作品として残っているのは八十八歳のときの『弥陀如来名号徳』であるが、このように、聖人の晩年は、とくに著述活動に専念されたことは、顕著な事実である。

一　和讃と門弟たちへの手紙

これらの諸著作は、聖人の円熟した信仰の世界をよく伝えているが、とくに『三帖和讃』をはじめ、多くの和文の著述を書いていることが注目される。「和讃」とは、和文讃詠ということで、七五調四句の形式をとっている。しかも、このような和讃を最も多くつくられた人が聖人であって、『三帖和讃』のほか、二種の聖徳太子和讃を合わせると、五百数十首に及ぶのである。聖人の和讃の特色は、経典や論釈の言葉を翻訳して（やわらげて）和文の讃詠としたものであるというところにある。これは明らかに、文字もよく読めない田舎の人々に経釈に説かれている浄土の教えを平易な言葉で伝えようとされた意図があったことを示している。この点は、『唯信鈔文意』や『一念多念文意』などの和文の著述についても同じであって、上記二書の末尾には、次のような同じ文（あとがき）が記されているのである。

ゐなかの人々の文字のこころもしらず、あさましき愚痴きはまりなきゆへに、やすくこころえさせんとて、おなじことをたびたびとりかへしとりかへしかきつけたり。こころあらん人はおかしくおもふべし、あざけりをなすべし。しかれどもおほかたのそしりをかへりみず、ひとすぢにをろかなるものをこころえやすからむとてしるせるなり。

これらの著述とともに忘れてならない重要なものは、聖人の手紙である。鎌倉時代の祖師たちには、共通して、法義に関する書簡が多く残されているのであるが、中でも、聖人の場合、その数が最も多く、現在知られているものに四十三通を数えることができるのである。しかもそれらは、ほとんどすべて七十九歳から八十八歳にかけて書かれたものである。何故そうなのかというと、聖人帰洛後、関東の門弟たちの間に、念仏の教えについての疑問が出たり、あるいは「造悪《ぞうあく》無碍《むげ》」、つまり悪をつくっても、それが弥陀による救いをさまたげるものでないと言って、悪を好み、勝手気儘《きまま》な振る舞いをすすめる邪義が、彼らの中にひろがったため、聖人は彼らの疑いに答え、あるいは邪義をきびしく批判しいましめようとされたからである。とくに晩年八十歳を超えられたころ、造悪無碍の邪義がはびこり、そのために、これをいましめるため実子善鸞《ぜんらん》を関東に下向させられたが、善鸞は逆に父の意に反して、関東の念仏集団を混乱せしめ、ついに八十四歳のとき、善鸞を義絶されるという事件にまで発展した。そのために、これらに関する手紙が多く見られるのである。善鸞義絶状といわれる書簡は建長八年五月二十九日の日付けがあるが、この義絶状については、近年疑義が出ていて、なお検討を要する。ともかくも善鸞義絶には複雑な事情があって、問題は決して簡単ではない。

一　門弟たちの上洛

ところで、これらの書簡を見ると、聖人と関東の門弟たちとのつながりがいかに深いものであったか、それを知ることができる。またいかに熱心に聖人の教えを聞き、聖人の教化に心からの尊敬と感謝の念をもっていた門弟たちがいたか、そのことをうかがい知ることができる。

たとえば、下野国《しもつけ》高田にいた覚信は、建長八年（聖人八十四歳）秋ごろ、聖人を訪ねるため上洛したが、途上病をえ、同行の人々は帰国をすすめた。しかし覚信は、「死するほどのことならば、帰るとも死し、とどまるとも死し候《そうら》はんず、また病はやみ候はば、帰るともやみ、とどまるともやみ候はむず。同じくは、みもとにてこそおはり候はば、おわり候はめ」と言って、重病をおして上洛したのである。これは『末灯鈔《まっとうしょう》』第十四通に収める蓮位の添書《そえがき》に記されているのであるが、覚信がいかに聖人を慕っていたかを如実に示している。

同じこの添書には、覚信の往生の様子を伝えるとともに、この添書の内容を聖人に読みあげたところ、覚信の往生のところで聖人は涙を流されたことを書き伝えている。聖人の門弟に対するあつい心をまざまざと見る思いがするのであって、師弟の間における心の交わりの深さを知ることができる。覚信の死は正嘉二年（八十六歳）のことであるが、その翌正元元年には覚念がなくなっている。このことを聞かれた聖人は、心からの深い悲しみを書き綴られるとともに、両人はともに「かならずかならず先立ちて待たせ給《たまい》候《そうろう》覧《らん》……かならずかならず一《ひとつ》ところへまいりあふべく候」と、倶会《くえ》一処《いっしょ》の感慨を述べられ、同一念仏の道を歩む者の世界を記されている。

覚信のように、はるばる東国からいのちがけで上洛してくる門弟たちがいたことは、『歎異抄』第二条に「をのをの十余ヶ国のさかひをこえて、身命をかへりみずして、たづねきたらしめたまふ御こころざし、ひとへに往生極楽のみちをとひきかんがためなり」と伝えていることによっても明らかである。彼らは往生浄土の道について聖人に問いただすため、いのちがけではるばると上洛し、聖人を訪ねているのである。このような深い道交はどんなに現代のわれわれに驚嘆を与えることだろう。東国の門弟が上洛して訪れてくることは、聖人自身も心待ちしておられたようで、そのことは、先にあげた覚信への返書の中に、「いのち候はばかならずかならずのぼらせ給べく候」と書かれていることによっても知ることができ、また同じ書状の追申に「専信房、京ちかくなられて候こそ、たのもしうおぼえ候へ」とあって、これは高田の住人であった真仏門下の専信が遠江《とおとうみ》に移り住んだことについて言われたようで、聖人の門弟に対する心情がよく現われている。

『三河念仏相承日記』によると、建長八年（八十四歳）秋、高田の真仏、顕智、専信などが上洛したことを伝え、そのとき、八字、十字、六字の名号本尊を書き与えられている。このうち、六字名号は別として（西本願寺に所蔵）、十字名号（二幅）と八字名号の三幅は高田派に伝えられている。また、三条富小路の善法院の坊舎に移られた聖人を、顕智が高田門徒の数名と共に訪ねたのは、正嘉二年（八十六歳）十二月のことで、そのとき、聖人晩年の円熟した信仰の境地を最もよく示しているといわれる「獲得名号自然法爾《じねんほうに》」の教示を聞いたのである。このとき聞き書きした自然法爾の法語は『末灯鈔』第五通に「自然法爾事」という標語を付して収められている。八十八歳の最晩年、十二月二日に著された『弥陀如来名号徳』は、おそらく最後の著作であろうが、この両者を見ると、人間のはからいを離れ、いかなるとらわれもすべて捨て去って、他力念仏の世界の中に生き抜かれた聖人の信仰の極地をまざまざと感じることができる。

二　法然上人への追慕

晩年の聖人において、門弟たちをいとおしむ心情の深さが見られるとともに、師法然上人への追慕の念がますます強まってきていることを知ることができる。法然上人の行実遺文《ぎょうじついぶん》をまとめられた『西方指南抄《さいほうしなんしょう》』の編集は建長八年十月のころであり、翌々年正嘉二年八月には、法然上人の『三部経大意』を書写されている。ついで翌正元元年になると、九月朔日から十日あまりをかけて、『選択集』を延書されているなど、恩師への敬慕の篤さによるものといえる。法然上人の教示を「よき人の仰せ」として、心から信順された聖人は、「たとひ法然上人にすかされまひらせて、念仏して地獄におちたりとも、さらに後悔すべからず候ふ」と、師の教えに絶対の帰依を示されているのである。法然上人との出会いは二十九歳のときであって、親しくその教示をうけられたのは三十五歳までの僅《わず》か六年間であったが、その感化は生涯忘れることのできない報恩の対象であった。それは如来大悲の恩徳とともに、身を粉にし骨をくだいても報謝し尽くしえないものであったのである。

『末灯鈔』第六通に収める手紙は、文応元年（一二六〇）十一月十三日に乗信房あてに書かれたもので、ときに聖人は八十八歳であった。この中で、臨終の善悪を往生浄土のしるしとする臨終来迎は、第十八願の他力念仏の救いではないとしりぞけられ、信心決定《けつじょう》のとき、ただちに往生浄土に決定する身となることが、他力念仏の正意であることを心をこめて教示されている。それとともに、「学生沙汰《がくしょうざた》」、すなわち、学者とか智者とかの振る舞いをすることをきびしくいましめられている。われわれ人間は、自らの愚かさや悪の深さを知ることなく、内に虚仮《こけ》をいだきながら、賢とか善とか精進（自己努力）とかで外をかざり、いつわり、人間や世の中の善悪をのみ問題とし、互いに批難しあっている。如来の真実心を見ることなく、自己の立場に固執して善悪を論じ、学問にほこる名利《みょうり》の世界に聖道門《しょうどうもん》の仏教はおちこんでいるのではないのか。師法然の念仏とは、このような善悪のはからいをすて、自己の愚痴無智を知って、ひたすら如来の御はからいにまかせて念仏することである、と教えられている。このように乗信房に諄々と他力念仏の道を教示される聖人の中に、師法然上人の追憶があったことは明らかである。すなわち、この手紙の中に、

故法然上人は「浄土宗の人は愚者《ぐしゃ》になりて往生す」と候《そうらい》しことを、たしかにうけたまはり候しうへに、ものもおぼえぬあさましき人々のまいりたるを御覧《ごらん》じては、「往生必定《ひつじょう》すべし」とて、え（笑《え》）ませたまひしをみまいらせ候き。ふみさた（文沙汰）して、さかさかしきひとのまいりたるをば、「往生はいかがあらんずらん」と、たしかにうけたまはりき。いまにいたるまで、おもひあはせられ候なり。

と記されている。この中の「愚者になりて往生す」と言われた法然上人の言葉は、とくに聖人において感慨深く受けとめられていたのであろう。よく知られているように、法然上人の法語「一《いち》枚《まい》起請文《きしょうもん》」には「念仏を信ぜん人は、たとひ一代の法をよくよく学すとも、一文不知《いちもんふち》の愚鈍の身になして、尼入道《あまにゅうどう》の無智のともがらに同じくして、智者の振舞をせずして、ただ一向に念仏すべし」と述べられているが、愚者になるとは、この法語の言葉により詳しく示されているとい

えよう。これとともに、聖人の胸に深く焼き付いていた出来事は、ものもおぼえぬあさましき人々が念仏している姿を見られて、法然上人が深く満足され、喜ばれたということである。これに対して、さかさかしく智者ぶっている人に対しては、往生はどうであろうかと言われたことを、まざまざと心にとめられていたのである。

自己のあさましさを誰よりも深く悲しまれた聖人は、文字も読めない無知な田舎の人々の中に、如来のまことの心が輝いているのを見られ、同信の喜びを心から表明されるのである。そこに法然上人の念仏が真の救いを与えていることの真実を知られたのであり、仏教の本質がここにあることを強く確信されたのであろう。

このように帰洛後の聖人は、ひたすら念仏の信に生き、同信の人々と共に、念仏の法味を深められたのである。われわれはこのような聖人の姿に、言葉では言い尽くせない念仏者の真の境地を見る思いがする。利己心にとらわれ、名利を求めて自己をいつわり、人をあざむいて生きる人生のむなしさを改めて思い知らされるのである。そこに信仰に生きる本当の姿があると感じるのは、おそらく私一人ではあるまい。

（京都女子大学学長）

5　善鸞の裏切り

山《やま》崎《ざき》龍《りゅう》明《みょう》

一　生き方を学ぶ道

仏教は人間そのものを学ぶものであり、自己自身を学ぶものである。私は仏教学は、ある意味では人間学であると考えている。

永い間つき合っている自己、一番身近なところにある自己自身が、実はなんにもわかっていないという事実がある。にもかかわらず、私たちは、自分のことは自分が一番知っていると思い込んでいる。これを迷いと言う。私たちは実に、迷いの渦中にあってウロウロ、キョロキョロしながら生きている。気がついてみると六十歳になり、七十歳を過ぎている自分に気づく。そして、「こんなはずじゃなかった」と深いため息をつくのである。

今さらながら、「仏道をならうというは、自己をならうなり。自己をならうというは、自己を忘るるなり」と喝破《かっぱ》した道元禅師《どうげんぜんじ》（一二〇〇～一二五三）の金言の重要さを思う。仏道修行も、仏法聴聞《ちょうもん》も、その課題は一つ。「自己を知り自己を超える」ことである。自己を知ることは、結局、人生そのものを知り、人生における、あらゆる苦悩を見届け、それを超えることにほかならない。

仏法は単なる処生の術でも、私たちの願望、欲望を充足させるものでもない。まして、この世を自分の思い通りに生きるためのものではない。私たちは、どうしても仏教、宗教というものを手段として考えてしまう。つまり、幸福実現の手段として仏教を考え、それを利用しようとする。しかも、その幸福の中味は、金とモノ、そして病の治癒であったり、人間関係の修復であったりする。

オウム真理教（アレフと改称）の問題をきっかけとして、宗教をめぐる問題が私たちの周囲に氾濫している。瀬戸内寂聴さんが、さかんに「あんな優秀な、まじめな人たちがどうして入信するのか。私は信者の若者から多くのことを教えられた」と新聞に書き、テレビで発言しているのを見聞した。そのたびに私は違和感を覚えたものである（もちろん既成仏教に属する私自身、現在の仏教的ありようについて反省することは、多々ある）。オウム真理教にあっても、幹部のような高学歴、優秀？　な人間はほんのわずかである。とくに、最近の新新宗教の中には、高学歴の者を揃えて教団のセールスポイントにするところも多い。

それよりも私は氏の「優秀な人間」が宗教にかかわることへの疑問に対して、深い疑問をもつのである。その前提には、宗教は無知なる者が関心を持つものという発想があるのではないか。教祖麻原彰晃の「超能力を身につけて友人を見返してやろう」といった類の宗教性にもっと的確な眼をもつべきではないか。その言葉に共感し、心酔する程度の優秀さこそが問われるべきなのである。

親鸞は、優秀な人間には優秀な人間なりの「いやらしさ」（つまづき）もあり、まじめな人間には、まじめな人間の閉鎖性、差別性もあるということを強調した仏教者である。仏教は、知的に優秀であるとか、人間的にまじめであるとかいうことに本来、関心を示さない教えである。否定すべきことは、きちっと否定するという姿勢が仏教者の基本でなくてはならない。

親鸞は息子である善鸞《ぜんらん》を義絶した。建長八年、親鸞八十四歳（一二五六）のときである。一般に、善鸞義絶事件と言われるものである。私は、この事件を通して、親鸞の苦悩と人間というもののの本質をみる思いがする。なぜ義絶に至ったか、という理由も重要ではあろうが、それよりも私は、この出来事の渦中にあって、親鸞が何を考え、どのような生き方をしたかということに深い関心を持つ。なぜなら、先に述べたように、仏教は私の生き方そのものを学ぶ道だからである。

二　誤った信仰理解

八十四歳の高齢になって、子息の善鸞を「子の義おもいきりたり」と手紙に記す親鸞の胸中はどのようなものであったのだろうか。親鸞が、およそ二十年ほど滞在した関東で、念仏の教えをめぐる混乱が起こった。アミダ仏の本願がすべての罪なる人、悪なる者を救うというのなら、どんな悪をつくってもかまわないだろう。なぜなら、悪人を救うのがアミダ仏なのだから（造悪無《ぞうあくむ》碍《げ》の異義）といった、誤った信仰理解などが横行した。

また、アミダ仏一仏による救いなのだから、他の諸仏、諸神を軽視してもかまわないといった人々も現われた。関東の念仏集団はこのような中で混乱をきたしたようである。思えば、親鸞が「よきひと」法然（一一三三～一二一二）に出会い、法然門下生として喜々として念仏生活を営んでいるとき、念仏弾圧事件は起こった。親鸞三十五歳、承元元年（一二〇七）のことである。その弾劾状には念仏集団の九つの過失が記されていた。その中に「霊神に背《そむ》く失《とが》」（神々を軽視するとが）「万善を妨ぐる失《とが》」（善根功徳を軽視するとが）等があげられている。この文は興福寺の解脱房貞慶《げだつぼうじょうけい》（一一五五～一二一三）の起草したものであった。結果的には恩師法然は高知

（土佐）に、親鸞は新潟（越後）に流罪となった。

この奏状を記した貞慶は「八宗同心」、つまり、この奏状は私見などではなく、全仏教者の総意であるから、よくよく心して念仏集団を取り締ってほしいと書き添えたのである。奈良と京都の全仏教者を法然の専修念仏《せんじゅねんぶつ》集団は敵にまわさなければならなかった。無視することができなくなった朝廷は、ついに念仏弾圧を敢行したのである。蓮如（一四一五～一四九九）の書写した『歎異抄』（蓮如本）の末尾に「流罪記録」がある。それによると、流罪七名、死罪四名の名が記されている。

関東の念仏集団が混乱し、弾圧されていた理由として、先にあげた「造悪無碍」「諸神軽視」があるが、これは別に目あたらしいものではなく、伝統的仏教、奈良と比叡山の仏教と常に対立し続けてきた問題なのである。つまり、旧仏教（既成仏教）と新仏教としての専修念仏をめぐる争いであるといってもよい。この争論は、法然の時代、親鸞の時代、そして近世、近

関東二十四輩の寺、専修寺（栃木県高田）

代、現代にあっても常に問われ続けている永遠の課題であるといってもよいであろう。

この問題は、信仰と道徳（倫理）、信仰と学問、信仰と国家（世俗）といったような重要な事柄であり、単に念仏義と他の宗派といったような宗派エゴの問題ではないはずである。

二　信仰のきびしさと、人間の悲しさ

さて、関東の混乱によって生起するさまざまな問題に対して、黙視することが許されなかった親鸞は、慈信房善鸞にすべてを托した。それが悲劇の始まりであることは誰も予想しなかった。善鸞は強い使命感のもとに張りきりすぎたのであろうか。張りきれば張りきるほど自分としっくりいかない関東の門弟たち。焦《あせ》った善鸞は、父である親鸞との絆《きずな》を強調し、門弟たちをひきつけようとした。が、事態は善鸞の思い通りに進まず、虚言を弄《ろう》したことが、親鸞の手紙（『消息集』）などに見られる。

慈信房（善鸞）が、あれこれ言うことによって、その土地の人々もお心がちりぢりになってしまったということを聞いています。かえすがえすも気の毒です。（中略）慈信房が言うことを頼みにしてはいけません。私からは権力のある人をよりどころとして念仏を弘めなさい、などと言ったことはありません。とんでもない誤りです。（中略）慈信房が言っていること

を、私の言っていることと理解してはいけません。念仏についても、まちがったことを言っています。信用してはいけません。（親鸞聖人『消息集』第十七通）

一般に義絶の理由としては次の三点があげられている。一、第十八願の教えをしぼめる花にたとえた。二、親鸞から夜、ひそかに教えを受けた。三、権力者（余の人）にとり入って念仏を弘めようとした。これらのことが親鸞の手紙から知られる。

いずれにしても、息子のことを「信用してはいけません」と言わなければならなかった親鸞の胸中はどのようなものであったのだろうか。察するにあまりあると言えよう。親鸞は複雑な思いを胸にして「いまは親ということあるべからず、子とおもうことおもいきりたり。三宝・神明に申しきりおわりぬ。かなしきことなり」（『消息集』第九通）と記した（義絶事件に関しては、捏《ねつ》造《ぞう》であるとする説もあるが、私は賛成しかねる。ただ先に示した三つの理由が事実であったかどうかについては多少疑問を禁じえないが、現存の資料によるかぎり一応認めざるを得ない）。

親鸞の手紙に一貫するものは、世間のことならいざ知らず、信仰上の問題であるだけに私はどうしても、誤りを正さなくてはならない（「この世のことなれば、いかでもあるべし」）という姿勢である。私はここに、信仰のきびしさと人間の悲しさをみる。決然と義絶を申しわたす親鸞。「かなしきことなり」と歎く親鸞。どちらの親鸞も親鸞そのものである。強さと弱さ、その中に私は親鸞の実像を見る。人間は、誰でも両面をもっている。それを隠さない親鸞に私は親しさを覚える。「悲しきことなり」。なんと心優しき言葉ではないか。

悲しい事件の只中で、親鸞はこう言っている。「善鸞の言うことによって、人々の信心が混乱したのは、信心が真実でなかったということであり、そのことがわかったことは、かえってよかったことではないか」（『消息集』第十七通）。「よきことにて候うなり」と手紙に記す親鸞。

悲しみが慶《よろこ》びに転換される世界が念仏の世界であった。悲しみ、苦しみを退散させるのが仏教ではない。避けられない人生の事実。いのちの事実である「生老病死《しょうろうびょうし》」その他の苦悩を避けるのではなく、その事実に目覚め、いのちの方向転換をはかるのが仏の智慧である。親鸞は念仏とは「悪を転じて徳となす正智」であると言う。それは悲しみ、苦悩の転成《てんじょう》である。アミダ仏の智慧はその原動力であった。わが子の裏切りという深い悲しみの中で、親鸞はあらためて人間と人生を学び、念仏に出会った慶《よろこ》びを再確認したのである。「よきことにて候うなり」。なんと力強く、すばらしい言葉ではないか。

（武蔵野女子大学教授）

6 自然法爾《じねんほうに》に生きる

寺《てら》川《かわ》俊《しゅん》昭《しょう》

一 最晩年の心境

正嘉《しょうか》二年（一二五八）の冬のある日、八十六歳の老親鸞を、その門侶《もんりょ》の筆頭の地位にいた顕智《けんち》が尋ねてきた。その顕智に対して親鸞は、おそらくはおだやかに、しかしながら情熱をこめて、自分の心境を語った。聞く顕智は、おそらく深い感銘を受けたのであろう。親鸞の語った言葉を、丁寧に聞書《ききがき》にしたためたのである。それが、ふつうには「自然法爾《じねんほうに》の御書《ごしょ》」として理解されているが、正しくは「獲得名号《ぎゃくとくみょうごう》自然法爾の御書」と言うべき、最晩年の親鸞の心境というか、むしろ念仏者としての確かで大らかな自覚を、よくまとまった言葉で見事に語り表わした法語である。

顕智の聞書によると、このとき親鸞は念仏について、何か力をこめて語っているようである。

しかもその念仏を、「獲得名号」すなわち「名号をわがものにする」という、まことに独自の、そしていかにも積極的な形で表わしていることに、注意しよう。それだけではない。ちょうど『歎異抄』の師訓篇が、「念仏には無義《むぎ》をもって義《ぎ》とす」という法然の言葉で結ばれているのと同じように、この法語もまた、同じ「義なきを義とす」という言葉で結ばれているのである。してみると親鸞はこのとき、生涯を通してかけがえのない師と仰いだ法然をあらためて思い、大らかな念仏に生き抜いた法然の恩徳に深く思いを寄せながら、念仏と、それが念仏者に恵むものについて、諄々《じゅんじゅん》と語ったのであろう。

その一年前、八十五歳の親鸞は「正像末和讃《しょうぞうまつわさん》」に、次のように歌っている。

弥陀大悲の誓願を
　ふかく信ぜんひとはみな
ねてもさめてもへだてなく
南無阿弥陀仏をとなうべし

これは、毎日の生活を念仏の中に生きるのだという覚悟の表明であるが、この覚悟をもって生きるところにこそ、大悲の本願に生かされる者の姿があるのだと、念仏の中に生きることをつよく勧めている和讃である。

「念仏者は無碍《むげ》の一道なり」、鋼のように鍛えられたこの信念を抱きながら、そして如来大悲の恩徳《おんどく》の中に生きる喜びを全身に感じながら、ゆったりと、朗らかに、念仏のもとに生きる親鸞、そういう晩年の面影が、この和讃から浮かび上がってくる。

この淳な念仏者親鸞の初心、それは「念仏申さんとおもいたつこころ」の発起《ほっき》を体験したところにあった。光を求めて遍歴する親鸞の、心の闇が最も深かった二十九歳のころ、ひたむきな聞法を通して、ついに、法然の「ただ念仏して弥陀にたすけられまいらすべし」と聞き取られたねんごろな一言に、全身が感動する時をもつことができた。そのとき親鸞はその内面に、滾滾《こんこん》と湧き出てやまない「念仏申さんとおもいたつこころ」を、大きな感動とともに体験したのである。念仏する親鸞の誕生であるが、親鸞の実感に即して言えば、帰命尽十方無碍光如来《きみょうじんじっぽうむげこうにょらい》の名号が、自分の上に輝き出た、こういう体験であったにちがいない。この心を獲《え》たとき、自力の心に立って生きてきた親鸞は、名号に依って生きる親鸞に新生したのである。そしてこのような念仏が、今「獲得名号」と語り告げられているのである。

二　念仏者への法爾自然のはたらき

こうして獲得された名号が、名号に帰して朗らかに念仏する人に何を恵むのか。それを語り告げたのが、この「自然法爾」の法語である。この中で親鸞は、本願のはたらきが、念仏者のはからいを超えて自然法爾に恵むものとして、二つの大切なことを語っている。
一つは、「弥陀仏の御ちかい」が「南無阿弥陀仏とたのませたまいて、むかえんとはからわせたまいたるによりて」、念仏する人は必ず、そして自然に、如来の本願によって往生浄土の一道に立つということである。そしていま一つは、「ちかいのようは」、すなわち如来の誓願の最も意味深いはたらきは「無上仏にならしめんと、ちかいたまえるなり」、ここにあるということである。

本願を信じ、大らかに念仏する身となった人は、幸いである。その人の人生は、再び暗い迷いの中をひとり淋しく流転することはない。無碍光如来の広大無辺の光に人生の暗闇を破られて、光に照らされ、光の中に生きる嬉しさを恵まれて、本願の力に生かされて浄土に生まれていく確かな人生を、朗らかに生きていくこととなるのである。人間の努力も、人間のはからいも、何も要らない。念仏する人を往生浄土の一道に立たせる、これが本願の名号の法爾自然のはたらきであると、親鸞は語るのである。

私たちがこの人生に生きて、生きることに疲れ、あるいは生きることに傷ついて、だからこそ安らぎの世界として浄土を求める。その往生の願いを満たす道として念仏がある、というのではない。浄土を失って流転する衆生が、ひとたび大らかに念仏する者となったとき、名号が、流転する私たちに浄土を開示し、自然にそして必ず、往生の道に立たせるのである。

それだけではない。如来の誓願は、誓願に目覚めて念仏する人を、必ず無上涅槃にいたる大道に立たせるのであると、親鸞は言う。実はこのことは、その主著『教行信証』で力をこめて明らかにしている、まことに積極的な名号のはたらきについての了解《りょうかい》であるが、この見解《けんかい》を親鸞は晩年の仮名聖教《かなしょうぎょう》の中でも、繰り返して述べている。その一例を、『唯信鈔文意《ゆいしんしょうもんい》』に聞いてみよう。

この如来の尊号は、不可称《ふかしょう》・不可説《ふかせつ》・不可思議にましまして、一切衆生をして無上大般涅槃《だいはつねはん》にいたらしめたまう、大慈大悲のちかいの御《み》ななり。

筆をとってその思索をこのように厳密にしるした親鸞は、まさしく同じこの知見を、顕智との対話の中では端的に、

ちかいのようは、無上仏にならしめんとちかいたまえるなり。

と語ったのである。「他力」「義なきを義とす」「不可思議」「無上涅槃」、このような、親鸞が真宗を語るときの大切な基本語が、両方に共通して使われていることにすぐ気がつく。いわゆる自然法爾の思想は、このように親鸞がその著作で一貫して語り続けている、名号のはたらきについ

ての、実感にみちた大らかな知見なのである。

自然法爾を親鸞が語ったのは、八十六歳の冬であった。その点では確かに親鸞の最晩年の思想である。その点を強調するあまり、親鸞は最晩年になっていわゆる他力の立場をも超えて、「あるがまま」の人生に随順しつつ、ゆったりとした自然法爾の立場に到達したのだとする見解が、しばしば語られている。だが、これは誤りである。そうではなくて、親鸞は最後まで、他力すなわち如来の本願力に目覚め、念仏者として本願力によって生きるという生き方を、大切にし続けたのである。そしてこの自然法爾の法語も、「獲得名号自然法爾」の聞書であるから、親鸞は「獲得名号」を語らないで、単純に「自然法爾」を実質があるものとして語るのではないことに、われわれは十分注意すべきであろう。

名号を獲得し、力を尽くして念仏に立って生きようとするとき、名号のはたらきとして自然法爾に恵まれるものがある。それを大切にし、自覚的に生きていこう。これが念仏する親鸞が、最晩年にいたるまで心して生きていった覚悟であった。

二　念仏者としての生き方

誓願のはたらきによって、無上仏となる。本願の名号のはたらきによって、法爾自然に無上涅槃に向かって生きる人生を恵まれる。このような生き方を大切にしたとすれば、それは具体的にはどのような生き方であったのだろうか。

すでにみたように、人生の最晩年にいたった親鸞に、自然法爾の思想に立っての特別な生き方があったのではない。本願の名号に立って、それが促す生き方を、念仏者親鸞は一貫して心して生き続けたのである。そのような念仏者として生きるしるしを、親鸞はその手紙に次のように書きしるした。

　としごろ念仏して往生をねがうしるしには、もとあしかりしわがこころをもおもいかえして、ともの同朋《どうぼう》にもねんごろのこころのおわしましあわばこそ、世をいとうしるしにてもそうらわめとこそ、おぼえそうらえ。よくよく御こころえそうろうべし。

（長年にわたって、念仏して浄土に生まれたいと願ってきたというとき、その徴しはどこにあるのでしょうか。それは、自分の本性というほかはない自分中心のどす黒い心をよくよく反省して、念仏に恵まれた友の同朋との間に、温かい励ましあいの心を持ちあうことを大切にしてこそ、本当に往生を願う徴しがあると言えるのだと、私は了解しております。どうかこのことを、よくよく肝に銘じて心得て下さいますように。）

「友の同朋にも懇ろの心をもちあおう」。いかにも温かさを感ずるこの生き方を、親鸞はよく知られたあの和讃でも、語り告げている。

他力の信心うるひとを
うやまいおおきによろこべば
すなわちわが親友《しんぬ》ぞと
教主世尊はほめたまう

「他力の信心」を獲《え》て念仏者となり、生きることの尊さに目覚め、喜びをもって生活している人を見い出し、尊い人に遇《あ》うことができたと、友の同朋の縁を結んで喜びを共にするならば、教主世尊から「わがよき友」とほめられるのだ。いかにもよくわかる、そして心に響く親鸞の姿勢である。この同朋の精神に立って、「文字のこころもしらず、あさましき愚痴きわまりなき」「いなかのひとびと」、労働につぐ労働の中に生きて、しかも念仏する人たちを、親鸞は「御同朋御同行《おんどうぼうおんどうぎょう》」と呼び、共に励ましあいながら温かく交わって生きたことは、よく知られている通りである。

これが、念仏者として生きる身に、名号のはたらきによって法爾自然に往生の一道を恵まれた親鸞が、もっと積極的にいえば「煩悩を具足しながら無上大涅槃にいたる」人生を、自然法爾に恵まれた親鸞が、深い感謝の中で、しかしながら力を尽くして生きていった人生の歩みであった。

（大谷大学名誉教授）

7 親鸞の年譜

年号	西暦	親鸞年齢	事項
承安三年	一一七三	1	京都の日野家に誕生。
承安五年	一一七五	3	法然が専修念仏を決意し、大衆への伝道のため比叡山を出る。
治承四年	一一八〇	8	源頼政、以仁王を奉じて挙兵するも、敗死。
治承五年	一一八一	9	慈円のもとで剃髪し、出家得度。以後、約20年に亙って比叡山で修学。
建久九年	一一九八	26	法然、『選択本願念仏集』を著す。
建仁元年	一二〇一	29	比叡山を降りて六角堂に参籠、95日目に聖徳太子の夢告を得る。吉水の草庵に法然を訪ね、弟子となる。「雑行を棄てて本願に帰す」
承元元年	一二〇七	35	専修念仏に対する弾圧が起こる。法然は土佐に、親鸞は越後へ流罪となる。
建暦元年	一二一一	39	法然が入京を許される。続いて親鸞も赦免されるが京都には帰らなかった。
建保二年	一二一四	42	このころ関東の常陸へ赴く。その折、上野佐貫で衆生利益のため浄土三部経を千部読誦を試みるが、中止。以後、関東の地で約20年間を過ごす。

貞応元年	一二二二	50	このころ、『歎異抄』の著者とされる河和田（日立市）の唯円が誕生。
文暦元年	一二三四	62	62～63歳ころ、京都に帰り、五条西洞院の地に住む。
寛元五年	一二四七	75	このころ、『教行信証』を完成させる。
宝治二年	一二四八	76	正月に『浄土和讃』と『高僧和讃』を著す。
建長五年	一二五三	81	日蓮が立教開宗して、他宗を批判。
建長七年	一二五五	83	火災にあって、弟、尋有の宿坊、三条富小路の善法院に移る。
建長八年（康元元年）	一二五六	84	五月、息子善鸞を義絶する。秋頃、病にもめげず、下野高田の覚信が親鸞に会うために上洛し、高田の真仏、顕智、専信なども上洛する。十月頃、法然の行実をまとめた『西方指南抄』を編纂。
建長九年	一二五七	85	85から86歳にかけて『正像末和讃』を著す。
正嘉二年	一二五八	86	十二月、顕智が高田門徒数名と共に訪ねて来て、「獲得名号自然法爾」の教示を親鸞から受ける。
正元元年	一二五九	87	九月、10日あまりかけて『選択集』を延書する。
文応元年	一二六〇	88	十二月、最後の著作『弥陀如来名号徳』を著す。
弘長二年	一二六二	90	十一月二十八日に死去。京都東山の鳥辺野の北、大谷の地に葬られた。
文永九年	一二七二		墓を吉水の北の辺に移し六角形の堂舎を建立。これが本願寺の前身、「大谷廟堂」である。

8　親鸞の著作

岡《おか》　亮《りよう》二《じ》

歎《たん》異《に》抄《しよう》

『歎異抄』は親鸞の著ではなくて、弟子唯円《ゆいえん》の著である。誰もが知るところであるが、この一点を見落としてはならない。

『歎異抄』は親鸞の思想を伝える書として、非常に高く評価されている。ただしその価値を認めながら、今日、意見が二つに大きく分かれている。一は、『歎異抄』の言葉は、まさに親鸞の言葉そのものだと見る立場であり、二は、唯円の著であるならば、『歎異抄』はやはり唯円の言葉と見るべきで、親鸞の思想と『歎異抄』の表現の間には、微妙なズレがあるとする見方である。

私は両者とも、少し違うと思う。たとえばある人が講演をし、他者によって要約されるとして、その聞き手もまた優れている場合、その要約は、講演者以上に、講演者の心を表現することがある。『歎異抄』とはまさにそのような書であって、親鸞の思想が、親鸞自身よりも、より親鸞的に述べられていると言えるのではないかと思う。

この書は前半と後半の二部から成り立っているが、『歎異抄』を読む場合、ことに前半の第十条までで注意すべきは、この言葉の一つ一つを、親鸞の思想の全体に重ねて、唯円は今、親鸞の教えの何に感激しているかに、耳を傾けることが重要である。

『歎異抄』は「弥陀の誓願不思議にたすけられまいらせて」という文に始まるが、この冒頭の一言が、親鸞思想のすべてであるし、同時に、この著の心そのものでもある。弥陀は本願に「念仏せよ、汝を救う」と誓われる。だからこそこの本願を信じた者は、念仏のみの人生を歩むのである。これ以外に浄土真宗の道はない。では唯円はいかにしてこの教えに出遇《であ》ったか。第二条は、この唯円の獲信《ぎゃくしん》を語る。では、われわれはいかにしてその本願に出遇うか。自らが自己の「悪」を信知するときである。第三条はこの点を示す。

次に念仏者の日常的実践が語られる。なぜ念仏を称《とな》えることのみが、大乗の慈悲の行となるのか。故人を念仏者はどう見るか。念仏者の、師と弟子の関係は。第四・五・六条の内容である。

さらに第七条で『教行信証』「行巻」の思想の根本が一言で、第八条では「信巻」に説く大信の心が、第九条では「信巻」後半の逆謗摂取《ぎゃくほうせっしゅ》（五逆と謗法の罪を犯した者をも救う）の道理が明かされる。最後の第十条は、親鸞の自然法爾《じねんほうに》の思想と重なりあっている。

後半の第十一条から第十八条までは、親鸞の教えに対する異義を、唯円自身が正《ただ》す文で、本願と名号の関係（十一）、念仏道と学問（十二）、善悪と宿業《しゅくごう》（十三）、念仏の滅罪（十四）、往生と成仏（十五）、信心と回心《えしん》（十六）、辺地往生と地獄（十七）、布施の多少と利益（十八）等の事柄が問題にされ、最後のむすびで、この書を書かしめた意図が明かされる。

教行信証《きょうぎょうしんしょう》

一　『教行信証』を書かしめたもの

その著がどのような意図のもとに書かれたかを知りたければ、序文を繙《ひもと》けばよい。『教行信証』には、総序と、「信巻」別序、それに後序《ごじょ》と呼ばれる三つの序文を見る。三序の内容はすべて重なっているから、これらの序文から、親鸞は何のために『教行信証』を書き、この著で何を語ろうとしているかを、うかがい知ることができる。

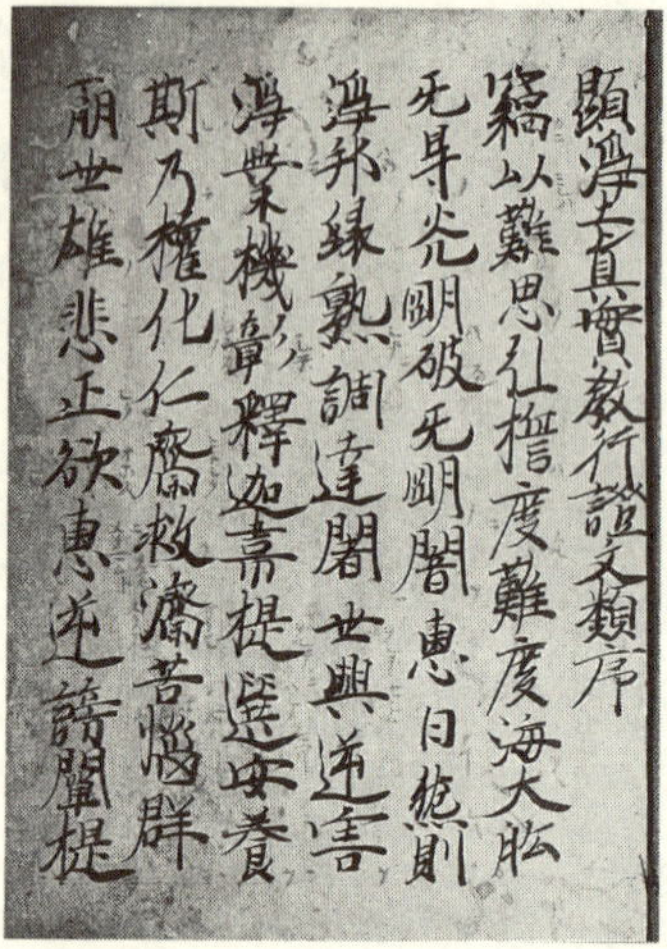
顕浄土真實教行証文類序
竊以難思弘誓度難度海大船
无㝵光明破无明闇恵日然則
浄邦縁熟調達闍世興逆害
浄業機彰釈迦韋提選安養
斯乃権化仁斉救済苦悩群
萌世雄悲正欲恵逆謗闡提

親鸞筆『教行信証』

三序に共通する特徴の第一は、親鸞は今、必ず無上の仏果（信心による最高のさとり）を得ることができる、阿弥陀仏の本願の教えに出遇《あ》い、その法を聞き信じることができたことを、無限に慶《よろこ》んでいることである。第二は、この教えの根本を語っている点で、親鸞を仏果に至らしめるのは弥陀の本願であり、無碍《むげ》の光明が親鸞の無明《むみょう》の闇を破する。親鸞が弥陀の心を獲得《ぎゃくとく》しえたのは、阿弥陀仏の本願力によるのであり、その真実心が親鸞に開かれたのは、まさしく釈尊の大悲による。その教えが七高僧《しちこうそう》、ことに法然上人との値遇《ちぐう》によって、今、親鸞に伝わったと示す。

第三は、今は末法である。聖道門《しょうどうもん》の教えの行《ぎょう》と証《しょう》は、もはや完全に廃《すた》れてしまっており、証《しょう》果《か》（仏となること）への道はただ一つ、浄土の真宗のみである。自分は今この教えを頂戴した。その如来の恩徳の深さは、どのように思っても計り知れるところではない。であれば自分自身もまた、この教えの聞くところを慶び、報恩のために獲得した法の真理をここで述べ、この教えを後の世に伝えたい。

第四は、弥陀の大行《だいぎょう》である念仏を、ただ信じるのみで仏果にいたるという教法は、希有最勝《けうさいしょう》の華文《かもん》であり、無上甚深《むじょうじんじん》の宝典である。それだけに常人には信じがたく、世間はこの選択本願《せんじゃくほんがん》念仏の教えを非難する。だがいかに弾圧を受け、人々から罵《ののし》られたとしても、仏恩の深重なるを思えば、私への「人倫《じんりん》の哢言《ろうげん》」は、自分は何ら恥とはしない。

ほぼ以上の四点に、親鸞をして『教行信証』を書かしめた意図を見ることができる。

二　『教行信証』の構造

『教行信証』の正式な題名は『顕浄土《けんじょうど》真実《しんじつ》教行証《きょうぎょうしょう》文類《もんるい》』である。その内容は、先に述べた三序のほか、浄土真実の教と行と信と証、それに真仏土と化身土《けしんど》の六巻で説かれる。

「教巻」では、阿弥陀仏の教法は、往相《おうそう》と還相《げんそう》の二種の回向《えこう》から成り立っていることを示し、一切の衆生を往生せしめる、阿弥陀仏の本願と名号の教えが、今まさに釈尊の心に回向されていることを明かす。

「行巻」では、「南無阿弥陀仏」と称《とな》える一声の称名こそ、まさに衆生を摂取する弥陀の大行であり、その真理が、釈尊の説法を通してこの世に伝達されるのだと示す。

「信巻」では、衆生の獲信の構造が明かされる。阿弥陀仏の大悲心が、いかにして衆生の心に開かれるかが説かれるのである。その結果が「証巻」の問題で、ここでは往相の証果と還相の証果が明かされる。

「真仏土巻」では、阿弥陀仏の仏身仏土を、光明無量・寿命無量として捉え、その阿弥陀仏の真の浄土に、直ちに往生できない衆生の心を、「化身土巻《けしんど》」で問題にするのである。

正信偈《しょうしんげ》

ある住職がお同行《どうぎょう》に、「正信偈はどこにありますか」と尋ねた。するとお同行は「はい、仏壇の前にあります」と答えたという。これは従来、浄土真宗の一般の家庭では、お仏壇の前の経机の上に、必ず『正信偈』の本が置かれ、朝夕勤められていたことを意味している。ただし「正信偈」は、本来一冊の書ではなく、親鸞の主著『教行信証』の「行巻」の最後に、「大聖《だいしょう》の真言《しんごん》に帰《き》し、大祖《だいそ》の解釈《げしゃく》に閲《えつ》して、仏恩《ぶっとん》の深遠《じんのん》なるを信知して、正信念仏偈《げ》を作りて曰《いわ》く」と述べられている、その偈文《げもん》の部分のみが、後世、独立して、人々に親しく読誦《どくじゅ》されるようになったのである。

このようにこの偈は、正しくは「正信念仏偈」と呼ばれ、『教行信証』の衆生の往因（往生のための正因）を直接語る、「行巻」と「信巻」の中間に置かれている。衆生の往生は、阿弥陀仏の大行《だいぎょう》、念仏のはたらきによる。阿弥陀仏の大悲心が、念仏を通して衆生に来たっているから、衆生がその大信心を獲得するとき、往生は決定《けつじょう》するのである。その大行のはたらきが「行巻」で説かれ、大信心を獲得する信の構造が「信巻」で明かされている。さればこの念仏を正信する偈は、「行巻」から「信巻」へと流れる、思想の内実についての讃歌となる。

「正信偈」は、二部の構造になっている。一は、大《だい》無量寿経《むりょうじゅきょう》によって、阿弥陀仏の大悲をほめたたえ、二は、七高僧によって説かれた念仏の法門の、すばらしさを讃歌しているのである。阿弥陀仏は本願に南無阿弥陀仏による救いを誓われた。釈尊はただその弥陀の本願を説くために、この世にお生まれになられたのである。だからこそいかなる衆生も、この法に出遇《であ》い、一念喜愛の心を発するとき、煩悩を持ったままで涅槃《ねはん》を得る。煩悩の眼《まなこ》には、弥陀の大悲は見えないが、わが心には、摂取の心光は常に輝いている。だがその法の、なんと信じ難いことよ。この法の真理が、釈尊から龍樹《りゅうじゅ》に伝えられた。

龍樹は弥陀の本願の真理を語り、天親《てんじん》は本願を信じる一心を明らかにした。梁《りょう》の天子は曇鸞《どんらん》を菩薩と称《たた》えたが、その曇鸞によって、本願の心が凡夫の心に開かれた。かくして道綽《どうしゃく》・善導《ぜんどう》・源《げん》信《しん》を通し、さらに法然上人によって、選択本願《せんじゃくほんがん》念仏の法門が、わが国に弘まったのである。
「正信偈」の大意を、ほぼこのように捉えることができる。

和讃《わさん》

親鸞聖人の著述の特徴は、たとえば『教行信証』に見られるように、非常に思索的であって、しかも思想が論理的に、見事に体系化されていて、論理展開には全く乱れは見い出せない。その意味で親鸞はまことに理性的な方、という印象を受ける。ただしその文中において、時として、はっとさせられる、感性の豊かさに出会う。一方では、徹底して理性的な智慧の眼で、阿弥陀仏の本願の真理を見つめながら、他方では、豊かな感性で、本願の神秘性と、自由自在に感応《かんのう》を交わされているのである。

「和讃」はこのような中から生まれた親鸞の言葉である。今日、「浄土和讃」「高僧和讃」「正像《しょうぞう》末和讃《まつわさん》」として、五百首以上が数えられる。

「浄土和讃」は、曇鸞《どんらん》の『讃阿弥陀仏偈《さんあみだぶつげ》』と浄土三部経によって、阿弥陀仏とその浄土が詠ぜられる。経典には、弥陀は成仏して十劫《じっこう》を経ていると説いているが、本来は、真如そのもののおすがたであって、塵点久遠劫《じんでんくおんごう》（はるかな無限の時間）よりも久しき仏でましますと弥陀を捉え、「南無阿弥陀仏」という無限の光明の中に、弥陀とその浄土を見られるのである。「浄土和讃」で面白いことは、「現世《げんぜ》利益《りやく》和讃」がここに収められていることで、獲信《ぎゃくしん》の念仏者には、この世の不幸とは関係なく、無限の喜びが心に満ち満ちているのである。

「高僧和讃」では、七高僧の念仏道が讃ぜられる。この中、曇鸞讃が最も多く、善導と法然が続いている。このことから、親鸞はこの三祖に、ことに強い影響を受けられたことが知られる。もし曇鸞大師がましまさなかったなら、天親《てんじん》の教えの真意は、絶対に伝わらなかったであろうし、善導がいかにすぐれた念仏の法を説かれたとしても、法然上人の教えがなければ、どうして自分は浄土の真宗に出遇えたであろうかと語る。

「正像末和讃」では、まさに末法の世に生きる親鸞の心が吐露される。もはやこの世には、真の仏道は一かけらも存在しない。無明《むみょう》煩悩のみがしげく、愛憎の渦《うず》は高き峰のごとくである。だがそれ故にこそ、弥陀の大悲は、この私を救いたもうのだと讃ぜられるのである。

親鸞の手紙

親鸞は三十五歳のとき、念仏禁止の法難によって越後に流されている。三十九歳のとき、流罪は赦免されるが京都には帰らず、四十二歳のころ、関東の常陸《ひたち》に赴《おもむ》く。以後、関東での生活が二十年ほど続く。ここで親鸞には多くの仲間ができた。親鸞は意識しなかったが、人々はその親鸞を師と仰ぎ大いに敬った。人々は親鸞から念仏の教えを聞き、今まで体験したことのない、喜びの人生を味わったからである。

ところで親鸞は六十歳を過ぎて、再び生まれ故郷の京都に帰っている。なぜ京都に帰られたのか。その理由ははっきりしない。著述に専念したかったから。師と崇められるのを嫌って。郷里に郷愁を感じた。おそらくさまざまな理由が考えられるが、その一つに、二十年間親鸞から念仏の教えを聞いた門弟たちは、教えを喜び、信心を得て、一人でじゅうぶん念仏の道を歩めるようになったことがあげられる。その姿を見て、親鸞は安心して京都に帰ったのである。

だが結果は逆で、師がいてこそ、何の問題もなく念仏の法を喜び得たが、師がいなくなると、たちまち弥陀の法門について、種々の疑問が湧き起こった。弟子たちはそれらの問題に議論を重ねたが、結論を得るどころか、ますますひどい混乱に陥ったのである。この混乱を鎮《しず》めるために、親鸞はわが子善鸞を関東に赴かせたが、善鸞自身、騒動に巻き込まれて、混乱はさらに深まった。ある門弟は、いのちがけで京都を訪ね、直《じか》に親鸞から教えを聞いたが、他の多くは、手紙を通して、親鸞に教えを仰いだのである。

さて、現存する親鸞の手紙は四十数通である。その意味で、その内容はほとんど教義問題にしぼられ、その中の数通が善鸞事件に関している。教義問題では、信心と念仏の関係、臨終に阿弥陀仏の来迎を願うことを否定し、本願を信じたそのとき、往生が定まるとする現生正定聚《げんしょうしょうじょうじゅ》（この世で必ず仏になることが定まったともがらになる）の問題、日常生活での善と悪について、等に質問が集中しているが、これによっても、浄土教一般の中で、親鸞の教えが、いかに微妙で難解であるかが、改めて知らされる。

ところで、この手紙を通して、第一に、弟子たちから絶対的に信頼され、尊敬され、そして親しまれていた親鸞聖人の人間性がしのばれる。人格の深さに加え、まことに暖かい心で、人々と接せられたのではなかろうか。第二に、真実の法を見る細やかさと厳しさで、仏法を曲げる者は絶対に許さない、そのような姿が見られるように思われる。

（龍谷大学教授）

9　親鸞の教えを知るキーワード

松《まつ》井《い》憲《けん》一《いち》

悪人正機《あくにんしょうき》

弟子の唯円《ゆいえん》が、書き残した親鸞聖人の語録『歎異抄』にある、聖人の救いの領解《りょうげ》です。そこには、「善人でさえ、往生が果たせるのだ。まして悪人が往生するのは、いうまでもない」と、あります。これは、善はできるもの悪はやめられるものと考え、よいことをすれば当然よい結果が来ると思っている世間の常識に、すべてのものを平等に救うという阿弥陀仏のまことの願いに出《で》遇《あ》った立場から、鋭いメスを入れた言葉です。

掃除の熱心なAさんは、いつも教室の掃除が終わるころに来るBさんを心の中でなじっていました。ある日、Aさんは成績のよいBさんから成績のことでなじられました。それで、Aさんは、ついに「成績は自分のことだから人には迷惑かけません。しかし、掃除は人に迷惑をかける」と言ったら、すぐ「成績の悪い人がいるから私たちの授業が進まないの」と言い返されました。それぞれに、自分がよいと思う心は、いつのまにか人を傷つけ人を切り刻んでいきます。だから、「自分がよいと思ったときは、自分が悪いと思うとちょうどよい」とも言われます。

考えてみますと、「己《おのれ》よければ、すべてよし」という自分の心で、善悪の区別がハッキリするはずがありません。むしろ善悪を判断する賢さが、人間関係を疎外して自分の生活をむなしくし、すべてを平等に生かそうとする広く深いまことの世界を見失っているのです。まことから見れば、善人も悪人もありませんから、聖人は「自分で善ができると思っている人は、かえってまことに出遇《であ》えない」と言われます。

だから、ここに言う悪人は、一般的に言われる悪人ではなく、善悪を自分で判断し他人に迷惑をかけないで生きていると思い込み、阿弥陀仏のまことを見失っていたという自覚なのです。それで、人の前を横切らずしては生きていけないと気づいている悪人が救われるのは道理ですが、善人も自分をよいと誇る誤りに気づけば救われるというのが悪人正機の意味です。

御同朋御同行《おんどうぼうおんどうぎょう》

親鸞聖人が、南無阿弥陀仏に出遇《であ》って友だちを再発見して呼んだ言葉です。『歎異抄』には、「南無阿弥陀仏を専《もっぱ》ら称《とな》えている仲間の人々が、これは自分の弟子だ、あれは他人の弟子だという口争いをすることは、とんでもないことである。親鸞は弟子一人も持っていません」と言ったとあります。

この言葉に感動した青年が、「自分と同じだ。自分は彼女一人も持たない」と言ったら、先輩はすかさず「君のは持たないのではなく、持てないのだ」と言いました。弟子一人も持たずとは、持てないことをいうのでも、また持てるのに謙遜していうのでもありません。

今は子供を授かるといわずに、よく子供を作るとか持つとかいいますが、この思いは親のエゴ・私有化でしかありません。子供の私有化は、子供を物にあつかうことです。子供を物にあつかえば、やがて親もゴミあつかいになります。このような、物と物との関係になっている非情な関係を、根こそぎひっくり返して、本当の人と人との関係にうなずいた言葉が、御同朋御同行なのです。

それは、聖人が、阿弥陀仏の願いに気づいて、「海や河に網を引いたり釣りをしたりして、生活を営む者も、野や山に獣類を探しだして捕えたり鳥を捕まえたりして、生き続ける者も、商売をしたり、田畑を耕作したりして、生計を立てる者も、全く同じことだ。……人は心がけでどうにでもなる存在ではなく、条件次第でどうにでもなるのだ」（『歎異抄』第十三条）と言って、職業の平等、人間の平等、生きとし生けるもののいのちの平等に立ったからです。それで、南無阿弥陀仏に出遇うと、念仏する仲間の囲い込みを越えて、すべての人はみな阿弥陀仏の弟子として同朋同行であるとうなずけるといい、さらに御の一字をくわえて御同朋御同行と敬《うやま》えるのであって、それはすべての人を友なり師なり仏なりと尊んでいく姿なのです。

他力本願

他力というと、世間一般では他人の力をあてにして、自分でしなければならないことを何もしないことをいいます。しかし、親鸞聖人のいう他力は、むしろその逆で本当に自分の力を出しきることのできる世界、「如来の本願力」（『教行信証』）のことをいいます。

如来の本願力とは、如というまことが、偽《いつわ》りばかりの人間のところに如─来し、如─去するまことの願いのはたらきをいいます。他力は、力を出しすぎては損だ、出し足らずに非難をあびても得策ではないと、結果にこだわって損得勘定する人間を、こだわる必要のない世界に生かす力です。人は、この如来のまことに触れるとき、自分の努力を誇りとし、自分の力をたのみとする生き方がひるがえされて、素直に努力できることを喜ぶ生き方に変わります。

それで、他力本願は、「人事を尽くして、天命を待つ」というナンバー・ワンをめざす倫理道徳主義をひっくりかえして、「天命に安んじて、人事を尽くす」というすべての人をオンリー・ワンとして完全燃焼させる阿弥陀仏の願いの力をいうのです。

本願

自分の思うままに生きたいという人間の表層の願いに対し、人間の奥底に隠されてあるみんなと共によりよく生きていきたいという深層のまことの願いを、阿弥陀仏の本願といいます。はげしい自我中心の要求に隠れているこのかすかな根っこの願いは、強い力で目覚まされ掘り起こされなければ消えてしまいます。それで、この根っこの願いに、目覚めさせるはたらきも本願です。だから、本願は知性でとらえることはできません。それを、すべての人に気づかせるためにあえて言葉として四十八通りに表現したのを阿弥陀仏の四十八願といい、その中心が十八番目にあるので第十八願といって、本願の中心とします。それで、本願といえば、阿弥陀仏の四十八願をいう場合と、第十八願をいう場合があります。

念仏

阿弥陀仏が、すべての人間を一人残らず深層のまことの願いに目覚めさせ、その目覚めを持続させるために選ばれた唯一無二の方法で、南無阿弥陀仏と称《とな》えることをいいます。だから、南無阿弥陀仏と称えることは、まことに目覚めさせようとする阿弥陀仏からの呼び掛けに、自己の深層の要求を発見し、応答する意味を持ちます。

曽我量深先生は「念仏は、旧人生を葬る墓なるとともに、新人生の母である」と言われ、金子大栄先生は、「念仏は、自我崩壊の響きであり、自己誕生の産声である」と言われます。

信心・他力の信心

阿弥陀仏を対象にしてその救済を信じるのではなく、南無阿弥陀仏と称えて、目覚めさせる阿弥陀仏の願いに、うなずく心をいいます。すなわち、すべてを自我中心に生きて迷いを深めている人間が、阿弥陀仏の願いにふれて生き方全体が徹底して糾弾され、ひるがえされた心です。それは天上の月が地上の水面に写るように、阿弥陀仏の心が、そのまま人間の心に印影した心であって、透明で明るい心、智慧ですから、この心を他力の信心ともいいます。

他力の信心は、他力と思う心ではありません。森ひなさんは、「他力他力と思うていたが、思う心が、みな自力」と言われました。みな自力であったと、頭の下がった純粋な喜びの感動を、他力の信心といいます。だから、他力の信心は、阿弥陀仏の呼びかけに応じて、一心に浄土を願う人を誕生させるのです。

往生と成仏

一般には、困ってどうしようもなくなったときとか、肉体の死を往生といいます。しかし、親鸞聖人は、『愚禿鈔《ぐとくしょう》』に「本願を信じるのは、これまで思うままに生きようとしてきた自我のいのちが終わることである。往生は、ありのままにまかせて生きる生活が決定することである」と言って、往生は南無阿弥陀仏の信心に開かれる新しい生活のことであるといいます。すなわち、思い通りに生きようとしてきた自分のあつかましさに目覚めて、思いを超えて生かされているというまっさらの人生を生きる、自我に死んで自身に生きる死と再生を、往生というのです。

そして、往生という新しい生活が、いのち終わるときに完結するのを成仏といいます。こうして、往生と成仏を分けるのは、肉体を持つ凡夫の救済の内容をハッキリさせるためで、往生を未来にすれば、救済があいまいになり、成仏を現在とすれば観念になるからです。曽我量深先生は、往生と成仏の関係を「往生は心にあり、成仏は身にあり」と言われ、さらに、「往生は、心にあるがゆえに、現在に即得し、成仏は、身にあるがゆえに、未来に超証する」と言われました。

三願転入《さんがんてんにゅう》

親鸞聖人が、教えを求めてきた道すじで、『教行信証《きょうぎょうしんしょう》』の「化身土《けしんど》巻」にある信仰告白です。まず、愚禿釈《ぐとくしゃく》鸞と実名を名告《なの》って、書き出されます。

そこで聖人は、「（一）生きがいを求めて修行をし、その善なる功徳の積み重ねで、仏の国に生まれようとしましたが、先輩たちの厳しい教えを受けて、その思い上がりに気づきました。それで、まことへの仮の道をやめて、（二）南無阿弥陀仏一つで仏さまの国に生まれようと決めました。しかし、それは南無阿弥陀仏を私有化して、私の善根にしただけで、修行の内容が自分の善行から南無阿弥陀仏に変わっただけのことでした。（三）この仏さまから送られた南無阿弥陀仏まで自分のものにしようとしていたあつかましさに、今ようやく気づかせていただき、ただ念仏する世界に落ちつきました」と言い、さらに、「気づいてみればこの求道の再度の転換は、自分の努力の結果によるすばらしい道すじと思っていたが、その全体が、すでに阿弥陀仏の三度にわたった呼びかけの中の出来事でした。すべては阿弥陀仏の本願海中の事柄で、そうなるべくしてそうならせていただいた本願のご恩のおかげでありました」と述べています。

阿弥陀仏の三度の呼びかけとは、四十八の本願の中で、生きとし生けるものにわが国（阿弥陀仏の浄土）に生まれようとおもえと呼びかけた第十八・第十九・第二十の三願のことです。

阿弥陀仏は、第十八の本願でまことの心で南無阿弥陀仏せよと呼びかけましたが、自分の努力で救われると思っている人は、一向に耳を傾けません。それで、そういう人を誘うために、第十九願で自分で努力して善行を積み、阿弥陀仏の国に生まれよと呼びかけました。もともとそういう方向でしか生きてこなかった人は、その通り修行を始めました。始めてみて、臨終まで緊張関係が続きますよと教えられ、努力し尽くせないことに気づきます。それで、阿弥陀仏は第二十願で、南無阿弥陀仏せよと勧め、念仏するかぎり、念仏しているという自慢の心までも徹底して知らしめ、ただ念仏の第十八願へのひるがえりのみがまことの救いであると指導したのです。

こうして、阿弥陀仏の第十八・第十九・第二十の三願に、阿弥陀仏の生涯教育の過程のかたじけなさを発見したのが、第十九・第二十・第十八という三願転入の告白です。

回向《えこう》・往相回向《おうそうえこう》・還相回向《げんそうえこう》

回向は、一般には善行の結果を、亡き人や他の人々に振り向けたり、またその善行の功徳で、共に浄土の世界へ生まれようとする行ないのことをいいます。しかし、いくらかのお布施をして、専門家にお経をあげて頂く程度の善行はできても、自ら修行をして善行を積み、しかも積んだ行為を威張らず、すべての人々に振り向けようとすることは困難なことで、普通の人にできることではありません。かえりみると、亡き人を思い善行を他の人々に振り向けようとする行ないのもとは、すでに亡き人に思われており、人々に生かされているからこそ起こる行ないなのでしょう。

親鸞聖人は、比叡山での二十年にわたる厳しい修行の体験を通して、人間から回向する努力至上主義の道は、聖《ひじり》の道であるとついに気づきました。気づいてみたら、回向不可能な自分中心の人間が、それでも平等に生かされて生きていることに気づきます。この生かされて生きているという事実と感動を、阿弥陀仏のはたらきと受けとめ、すでに阿弥陀仏が人間のところへ来ていること、すなわち回向が完成していることだとうなずかれました。

それで、聖人が回向というときは、如来（阿弥陀仏）からの回向をいうのであって、もし人間からいうときは、法然上人の教えによって不回向といいます。そして、この如来の回向には、浄土の世界へ往くという往相回向の方向と、浄土から人間の世界へ還るという還相回向の方向の二種類の相（すがた）があるといいます。如来の回向は、人間においてはすべての情報をひるがえす回心《えしん》ですから、浄土へ往く往相回向の相は、そのまま他の人に影響して、還相回向の相を示すというのです。それで、聖人は、聖徳太子を観音菩薩の生まれ変わり、法然上人を勢至菩薩《せいしぼさつ》の生まれ変わりとあがめて、浄土から来た人として生涯その教えを聞きぬかれました。

この回向の二種類の相は、浄土へ往く往相回向が現実逃避でなく、またこの世界に還る還相回向が現実妥協でないことを明らかにします。すなわち、二種の相の回向によって、南無阿弥陀仏の教えが自己満足の救いでなく、いかなる状況の中にあっても共に生きていける本当の人間になる教えであると示します。

それで、『正像末和讃《しょうぞうまつわさん》』に、「もしも往相・還相の二種の相の回向にあう機会にめぐまれない境遇に生まれたならば、生死流転《しょうじるてん》の果てしない苦海に沈んでいるなげきを、どうすることができたであろうか」と、如来の回向によってのみ、この苦海を生き尽くすことができると讃えました。

仏智疑惑

仏教経典の多くが、「如是我聞《にょぜがもん》」（かくのごとく我れ聞きたまえき）と始まるように、親鸞聖人も聞くことを大切にしました。そして、聞こえた通りにうなずくのが、信ずることであるといいます。だから、教えを聞こうとするところに疑うことなどあり得ないと思っています。しかし、聞いたらわかるはずだという自我意識では、永遠に聞こえないのが、南無阿弥陀仏の教えです。つまり、聞いて信じるのは、自分が変わることですから、自分の情報をうのみにして聞こうとする心は、仏の智慧を疑っているのです。

聖人は、ジコチュウ（自己中心主義）といえば人のことだとし、自分のことは自分が一番よく知っていると思い、健康やお金に恵まれて他人の上に立てば幸せだというような情報のすべては、仏智疑惑であると糾明して、仏の智慧に帰ろうと『疑惑和讃』を書きました。それで、その和讃の終わりには、「仏智を疑って無駄に暮らす罪はまことに深い。だから、この自我心の罪深いことを思い知るならば、自ら悔い悲しむのが当然であって、悔いる心を転換点として、仏智の不思議をたのむべきである」と言われます。

辺地《へんじ》・懈慢《けまん》・胎宮《たいぐ》・疑城《ぎじょう》

親鸞聖人は、前項の『疑惑和讃』の「草稿本」末尾の添え書きで、「仏智うたがふつみとがのふかきことをあらはせり。これを辺地・懈慢・胎生なんどといふなり」と言われます。すなわち、仏智の鏡に照らされると、仏智を疑う自己肯定の信仰に開かれる世界は、公明正大な明るい世界（浄土・真実報土）ではなく、辺地（辺境でしか通じない狭い世界）、懈慢（怠け者で威張り屋の世界）、胎宮（胎生・胎内の赤ちゃんのように閉じられた暗い世界）、疑城（目先のことにとらわれて自分を疑ってみたこともない心が城のように頑強である世界）であるといわれます。

聖人は、この辺地・懈慢・胎宮・疑城のここちよい世界を、方便化身土《ほうべんけしんど》（化身土）といい、多くの人がここにとどまっているといいます。しかし、方便は方法という意味ですから、それは救いなき世界として切り捨てるためにいうのではありません。化身土は、他力の念仏に遇いながら、その念仏を自分の手柄にして個人的な理想郷に居座るという、あくなき矛盾を繰り返す人間を再教育して、回心させる道場であるというのです。

（大谷大学非常勤講師）

歎異抄（蓮如の写本、西本願寺蔵）

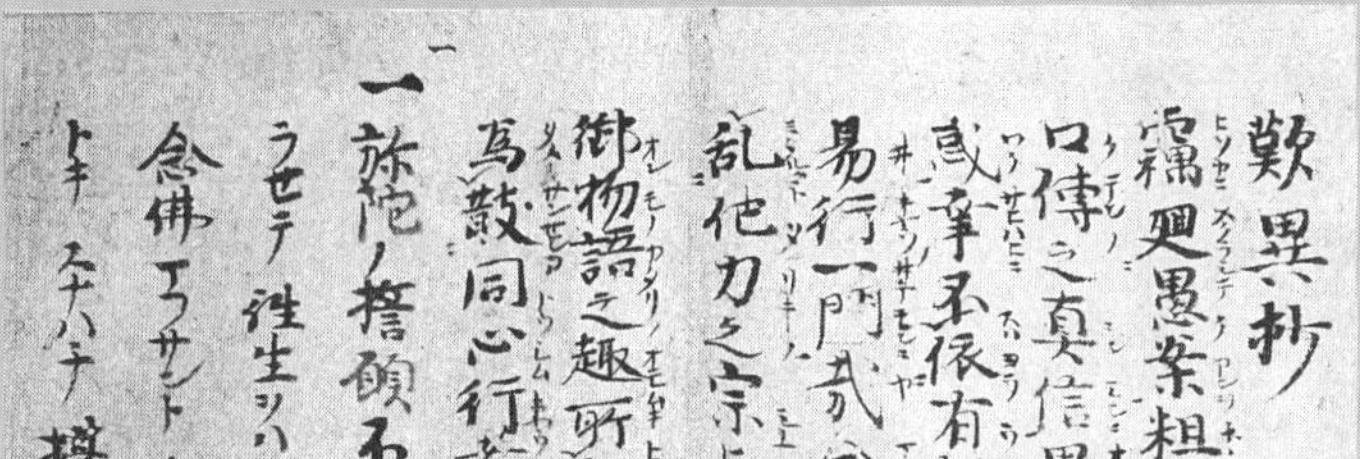
歎異抄
竊廻愚案粗勘古今歎異先師
口傳之真信思有後學相續之疑
惑幸不依有縁知識者争得入
易行一門哉全以自見之覺語莫
乱他力之宗旨仍故親鸞聖人
御物語之趣所留耳底聊注之偏
為散同心行者之不審也云々
一 弥陀ノ誓願不思議ニタスケラレマヒ
ラセテ往生ヲハトクルナリト信シテ
念佛マフサントオモヒタツコヽロノオコル
トキスナハチ摂取不捨ノ利益ニ

第三部
歎異抄入門

1　歎異抄の構成と読み方

梯《かけはし》　實《じつ》圓《えん》

◆歎異抄の著者

『歎異抄』は親鸞聖人の晩年の法語を、きわめて感動的に伝えている希代の宗教書の一つである。しかし著者の名は記されていない。現存している最古の写本である蓮如本にも、その他の古写本にも著者名がないところからすると、初めから記されていなかったのであろう。

江戸時代の学者の中には、本願寺第三代の宗主、覚如《かくにょ》を著者にみたてたり、覚如に真宗を伝えたといわれる如信《にょしん》（親鸞の孫）がそれであろうと推定したりする人もあった。それというのも覚如が如信から口伝《くでん》された法語を集めたといわれる『口伝鈔《くでんしょう》』に、しばしば『歎異抄』と同じ内容の法語が出てくるからである。しかしその文体からみて、覚如のものでないことは確かだし、如信説を裏づけるような積極的な資料もない。それに対して江戸時代の末期に出た了祥《りょうしょう》が親鸞の直弟子で、常陸《ひたち》に住んでいた河和田の唯円《ゆいえん》がこの書の著者であると論証してからは、唯円説が定説になっている。

確かにこの書の序分に「故親鸞聖人の御物語の趣《おもむき》、耳の底に留まるところいささかこれをしるす」と言っているから、著者は親鸞の直弟子であったことがわかる。また中序には「そもそもかの御在生《ございしょう》のむかし、おなじこころざしにして、あゆみを遼遠《りょうえん》の洛陽にはげまし…」と言っているから、親鸞在世のころ、はるか遠く離れた京洛の地へ聖人をたずねて聞法の旅をしたことのある関東在住の門弟の一人であったはずである。しかもそのご在世を「むかし」と呼んでいるのだから、この書は、少なくとも親鸞滅後十年、二十年を隔てたころに著《あらわ》されたものとしなければならない。

唯円の寺・水戸の報仏寺

さらに本文を読んでいくと、第九条と第十三条に、聖人と問答をかわしているのが「唯円」

と名乗る人物で、その人こそこの『歎異抄』の著者とみなすべきである。親鸞の直弟子の中で、関東に住んでいて、親鸞の滅後二十年以上生存し、しかも『歎異抄』の著者にふさわしいすぐれた学徳をそなえていた唯円と名乗る人物といえば、常陸の河和田（水戸市）の報仏寺の開基《かいき》となった「河和田の唯円」以外に考えられない。なお『二十四輩帳《にじゅうよはいちょう》』（常陸願入寺所蔵）には常陸の鳥喰《とりばみ》に唯円がいる。両者は同一人であるともいわれているが、鳥喰の唯円については他に古い記録がないので確定できない。

河和田の唯円（一二二二～一二八九頃）についてもあまり正確な伝記はない。親鸞の門弟の名をつらねた『親鸞聖人門侶交名牒《もんりょきょうみょうちょう》』の一本には常陸奥郡住とあり、また一本では常州河和田となっている。唯円の出生について、一説では親鸞の弟子であった常陸の大部《おおぶ》の平太郎入道の弟の平次郎であったといい、また一説には京都の小野宮少将禅念の先妻の子であったともいわれているが、くわしいことはわからない。唯円の遺跡である水戸市河和田町の報仏寺の本尊の台座の墨書銘に、彼の忌日を「正応元年八月八日」と記している。これによれば、その往生は正応元年（一二八八）ということになり、聖人滅後二十六年目ということになる。

ところが覚如の次男、従覚が父の滅後間もなく著された『慕帰絵《ぼきえ》』という覚如伝の中に、正応元年の冬、覚如が十九歳のとき、唯円が上洛して来たので、真宗の法義の中で日頃疑問に思っていた善悪二業《ごう》のことについてくわしい説明をうけ、いよいよ真宗教義についての理解を深めることができたといわれている。そして「唯円大徳は鸞聖人の面授なり、鴻才弁舌《こうさい》の名誉あり」とたたえているから、親鸞の門弟の中でも、とくにすぐれた学徳兼備の大徳としてあがめられていたことがわかる。ともあれこれによれば正応元年冬（十一月二十八日前後）には彼はまだ健在だったことになる。なおこのとき覚如は、おそらく唯円から『歎異抄』を譲られていたと考えられる。『口伝鈔』の何条かはそれを参考に語られたものであろう。また蓮如が書写された原本は、あるいは本願寺に所蔵されていた本であったかも知れない。

ところで『本願寺通記』巻七などに伝えられている大和の下市の立興寺《りゅうこうじ》の伝承によれば、唯円房は、正応二年二月六日、六十八歳を一期として、下市で往生を遂げたといわれており、立興寺の裏山には、唯円房の墓が現存している。

◆信心の異なるを歎く抄

かなしきかなや、さひはひに念仏しながら、直《じき》に報土に生まれずして、辺地《へんじ》に宿をとらんこと。一室の行者のなかに、信心異なることなからんために、なくなく筆を染めてこれをしるす。名づけて歎異抄といふべし。

唯円は、『歎異抄』を著さずにおれなかった思いを最後にこのように記している。歎異とは、異を歎《なげ》くということである。親鸞の流れを汲みながら、聖人の信心と違った見解をもち、しかもそれが如何《いか》にも親鸞の教えであるかのように人々に説くことを異義とか異安心《いあんじん》と呼ぶ。そうした異義に惑う人々の信心と行動を歎き悲しんで著されたから『歎異抄』というのである。

ここに切々と訴えているのは、異端を弾劾するといった冷やかな非難ではない。せっかく仏縁あって浄土のみ教えを聞き、念仏を申す身にまでなりながら、自らのはからいによって教えに背《そむ》き、真実の如来をおおいかくし、まことの安住の地を見失っていく者への深い悲しみであった。唯円がこの書を「破邪」の書と言わずに「異を歎《なげ》く抄」と題したのはその故である。

異義は親鸞のご在世のころからあった。さかのぼれば法然の教えを誤解したことから生まれたというべきものであった。そのことは親鸞の手紙や、晩年の著書にしばしば述べられているところである。それが親鸞がなくなって、十年・二十年とたち、直弟子の多くがなくなり、孫弟子、曾孫弟子の時代に移っていくにつれて、法義の乱れはいよいよひどくなっていた。生き残った直弟子の一人として唯円が、この書を著さずにおれなかったのはその故であった。

もともと法然の教えは、非常に単純明快で、どんな人にもわかる教えであった。それは『一枚《いちまい》起請文《きしょうもん》』に、「ただ往生極楽のためには南無阿弥陀仏と申して、疑なく往生するぞと思ひとりて申すほかには別の子細《しさい》候《そうら》はず」と言われた言葉に尽きていた。たとえ出家しなくても、戒律は保てなくても、仏教の学問はできなくても、世俗の泥沼にどっぷりと浸《つ》かった浅ましい生活しかできなくても、愚痴《ぐち》にかえって、ただ仰せのままに南無阿弥陀仏と称《とな》えさえすれば、その人は如来の願いにかなった仏弟子として正しい生き方をしているといわれるのであった。

そのあまりにも単純明快すぎる教えに、かえって人々は迷ったのであった。とくに指導的な地位にあった学僧たちほど理解に苦しんだのである。親鸞は八十八歳のときの手紙の中に、「故法然聖人は浄土宗の人は愚者になりて往生すと候ひし」と記されているように、それは愚者にならなければわからない教えであった。愚者になるとは、生の意味も、死の意味もわからず、人生の肝心のことはなに一つ知らない自分に気づくことである。そのような人だけが、自分の存在を無条件に受け容れ、包み支えてくれている如来の大悲を受け容れることができるのである。

しかし法然の教えを誤解した人は、一念義か、多念義かのどちらかの落とし穴に落ちていった。本願を信じて一声念仏したときに往生は定まるのだから、それ以上念仏は称えなくても往生はできるといって、念仏を軽視した者を一念義といった。彼らの中には、往生はすでに定まっているのだから、どんな悪行を犯してもかまわないといい、自分の悪行の隠れ蓑《みの》として悪人救済の教えを利用する者がいた。造悪無碍《ぞうあくむげ》（ほしいままに悪を造っても、碍《さわ》りはない）と呼ばれる異義がそれである。それに対して念仏は一生涯称え続けるべき行として定められているのだから、できる限り多く称え、悪をつつしむ生活を送らなければ阿弥陀仏も臨終には来迎して下さらないと主張したのが多念義であった。すなわち厳粛な念仏生活を要求し、臨終の来迎《らいごう》を救いの条件として重要視した者である。その中から偽善的な自力の念仏者が輩出した。

このような二つの傾向は親鸞の弟子の中にも現われてくる。『歎異抄』で批判される誓名別信《せいみょうべっしん》の異義は一念義系に属していたし、専修賢善《せんじゅけんぜん》の異義は多念義に属していた。いずれも如来の真実を見失った悲しむべき誤解であった。さらに誤解は誤解を生み、さまざまな異義が続出するようになる。

そこで唯円は、異義を批判するために、まず標準となる親鸞のみ教えを述べる。それが『歎異抄』の前半の十箇条（師訓十条）であった。そして後半の八箇条（異義八条）で具体的に異義を挙げて批判を加えていくから、『歎異抄』は、師訓と異義、併せて十八箇条の本文から成り立っている。またそれに対応して最初に置かれた全体の序文（前序）と、後半の部分の初めに置かれた序文（中序）と、最後に全体を結ぶような意味を持つ叙述（後序）がおかれていた。さらに付録として承元《じょうげん》の法難の顚末《てんまつ》を述べて巻を閉じていくのである。

◆異義の出現

他力の念仏は、わたくしのはからいを微塵もまじえない「義なきを義とす」る法義であると明かされた第十条は、第一条から第九条にいたるまでに述べた浄土真宗の法義を総括すると同時に、後半の異義批判の根拠となるような意味をもっていた。前半の各条については諸先生による詳しい解説があるから、ここでは後半の異義批判の概要を述べることにしよう。

親鸞のご在世が、すでに「むかし」となってしまって、共に京都にのぼって法義を聴聞した直弟子の多くは往生をとげ、孫弟子、曾孫弟子の時代になってくると、法義の乱れはいっそうひどくなってきた。中には聖人が言われてもいないことを、親鸞の言葉だといつわって人々に押しつけ、親鸞の権威をかりて自説を正当化しようとする者もいる。こうした人々によって真宗がゆがめられ、自他ともに正しい救いの道を見失っていくありさまが、聖人の直弟子である唯円には堪えられない悲しみであった。

『歎異抄』の後半の八箇条は、こうした「上人（親鸞）の仰せにあらざる異義ども」をとりあげ、親鸞の仰せを依り処としながら批判していった、唯円の歎異の条々である。

第十一条　誓名別信の異義

第十一条は、本来は離すことのできないはずの誓願不思議と名号《みょうごう》不思議とを切り離して、汝は誓願不思議を信ずるのか、名号不思議を信ずるのかといい、誓願不思議を信ずる者は真実報土の往生を遂げるが、名号不思議を信じて称名する者は、自力の行者であるから、化土《けど》の往生しかできないと主張した誓名別信（別執）の異義を批判したものである。誓願（第十八願）の不思議なおはからいによって、どんな愚かな者にもたもちやすく、称《とな》えやすい名号を選びとり、この名号を称える者を救うと誓願し、お約束して下さったのだから、この大悲大願の不思議なおはからいを信じて、仰せのままに念仏すれば、如来の御はからいによって真実報土へ往生することは必《ひつ》定《じょう》である。誓願と名号を別々にし、どちらを信ずるかということ自体が誤っていると批判されている。

第十二条　学解往生の異義

第十二条は、聖教《しょうぎょう》を詳細に学ばなければ往生できないと主張する学解《がくげ》往生の異義を批判されたものである。真宗の聖教とは、どんな愚かな者も「本願を信じ念仏を申さば仏になる」と教えるものであって、聖道門《しょうどうもん》のように学問を旨とせよと教えるものではない。浄土真宗を学ぶということは、「如来のご本意をしり、悲願の広大のむねをも存知して、いやしからん身にて往生はいかがなんどとあやぶまんひとにも、本願には善悪・浄穢《じようえ》なきをもむきをも、とききかせ」ることのほかにはないのである。学問をし智慧をみがいて生死《しようじ》を超えようとするのは聖道門《しようどうもん》の目指すところであって、浄土の教えはむしろ愚痴にかえって念仏し、本願にまかせて浄土を一定《いちじよう》と仰信《ごうしん》するところに真面目があると示されていた。

第十三条　専修賢善の異義

第十三条は、たとえ本願を信じたといっても、わが身の悪をおそれない者は、「本願ぼこり」（本願に甘えている者）であって往生できないと非難し、厳粛な念仏生活を送ることを往生の条件にしようとする偽善的な専修賢善《せんじゆけんぜん》の異義を批判し、わが身の善悪を超えて救いたまう本願の御はからいにまかせよとすすめている。

ここに示された宿業《しゆくごう》についての問答は有名である。それは人間は善をなそうと思えばできるし、悪を働こうと思えば思いのままになせるほど単純なものではないということを教える問答であった。自分で自分が思うように制御できるのは聖者だけである。つねなみの人間（凡夫《ぼんぶ》）は、自分のことでありながら、自分でもどうしようもないほど深く重いものをかかえて、押し流されるように生きざるを得ないものである。それをここでは宿業と呼んでいる。しかしそれ故にこそ、こうした悲しむべき身をそのまま我《われ》にまかせよと仰せ下さる本願力がましますと聞くならば、

「されば善きことも悪しきことも業報にさしまかせて、ひとへに本願をたのみまいらすればこそ他力にては候へ」と、二種深信《じんしん》で表わされるような他力の信心をいただいて甦《よみがえ》るのであるといわれている。

第十四条　念仏滅罪の異義

第十四条は、一声の念仏に、八十億劫《こう》のあいだ生死《しょうじ》を繰り返さなければならないほどの重罪を滅する功徳があると信じなければならないという、念仏滅罪の異義を批判するものである。そのように念仏のもつ功徳性をことさらに強調する者は、知らず知らず念仏してわれとわが罪障を滅して往生しようとする自力の念仏に陥り、本願のはからいによって往生するという他力を見失う危険性のあることを注意されている。はからいなく本願を信ずるとき、即座に往生は決定し、摂《せっ》取《しゅ》不《ふ》捨《しゃ》の利益《りやく》にあずかるから、そのうえの称名は仏恩報謝のいとなみと受け取るべきだというのである。

第十五条　即身成仏の異義

第十五条は、即身成仏《そくしんじょうぶつ》の異義をあげて批判される。本願を信じ、摂取不捨の利益《りやく》にあずかって、往生を一定《いちじょう》と期する身になったといっても、この世にあるかぎり煩悩具足の凡夫であることに変わりはない。しかるに凡夫の身のままで仏陀になっているということは、身のほどをわきまえない妄言というべきである。浄土真宗は「今生《こんじょう》に本願を信じ、かの土にして覚《さとり》をばひらく」教えであると聖人が明確に規定されていることを忘れてはならないというのである。

第十六条　自然回心の異義

第十六条は、自然回心《えしん》の異義を批判するものである。信心の行者は、ふとしたことで自然に悪を犯したような場合には、必ず回心し、悪心を悔《く》い改めなければ往生できないという主張を批判したものである。本願他力を信ずる者にとって、回心とは、自力を捨てて他力に帰するという決定的な、ただ一度の出来事をいうのであって、悪を犯すたびに回心しなければ往生できないというものではない。むしろそれは悪を断ち切って善を修行し、さとりを開こうとする自力聖道門《じりきしょうどうもん》の人の考えであると批判している。

第十七条　辺地堕獄の異義

第十七条は、辺地堕獄の異義を批判するものである。本願他力を疑って如来にまかせきれず、自力の行をはげんで往生を願う疑心の善人は、極楽の辺地に往生せしめられる。しかし、そこでお育てをうけて本願を信ずる身となり、真実報土に転入させられるのであって、異義者がいうように、辺地に往生した者は、最後には地獄に堕ちるというようなことは、経釈のどこにも説かれていない邪説であるというのである。

第十八条　施量別報の異義

第十八条には、施量別報の異義が批判されている。それは寺や道場への寄付の多少によって、浄土へ生まれてのち、大仏になったり、小仏になったりするといって、信者から金品をまきあげようとするもので、仏法を利用して欲心を満足しようとする言語道断の異義であると批判している。

さて、この異義批判八箇条を、前の師訓十箇条と対照してみると、第一条と第十一条、第二条と第十二条、第三条と第十三条には、確かに対応関係が見られるが、他は必ずしも対応していない。しかし前半の法語が、異義批判の根拠となっていたことは明らかである。

◆後序について

後序《ごじょ》は、いわばこの書の結論に当たる部分である。まず初めに、親鸞と同門の弟子たちとの間で交わされた信心一異の諍論を挙げ、さまざまな異義が出てくるのは、信心が違っているからである。いいかえればその信心が如来より賜わったものではなくて、各自が自己のはからいによって造りあげた自力の信心だからであるということを、信心一異の諍論を通して証明していく。

次に仏法について人々に言いまどわされそうになったときは、親鸞聖人がおすすめになったお聖教の指南によって、正邪を定めるべきであるといい、聖教の拝読についての心得を教えられている。

そしてさらに親鸞から承《うけたまわ》った二つの重大な法語を記して、聖人の深い宗教的信念を顕《あらわ》し、この書に画龍点晴を施していく。その一つは「弥陀の五劫思惟《ごこうしゆい》の願をよくよく案ずれば、ひとへに親鸞一人がためなりけり」という御述懐であり、もう一つは、「煩悩具足の凡夫、火宅無常の世界は、よろづのこと、みなもてそらごと、たわごと、まことあることなきに、ただ念仏のみぞまことにておはします」という仰《おお》せであった。

こうして最後に、この書を著さずにおれなかった著者の深い歎異の想いをつづって本文を終わっていく。

そしてさらに付録として承元の法難の顚末を述べるが、その意義については、横曽根《よこそね》門徒の中で編纂された『血脈文集』の末尾の記事と対照して考えなければならないが、その考察は他日を期することにする。

（浄土真宗本願寺派勧学）

2　念仏申さんとおもいたつ心

――歎異抄第一条――

寺《てら》川《かわ》俊《しゅん》昭《しょう》

〔第一条　原文〕

弥陀《みだ》の誓願《せいがん》不思議にたすけられまいらせて、往生をばとぐるなりと信じて、念仏申さんとおもひたつこころのをこるとき、すなはち摂取《せっしゅ》不捨《ふしゃ》の利益《りやく》にあづけしめたまふなり。

弥陀の本願には、老少善悪《ぜんまく》の

〔現代語訳〕

阿弥陀如来の本願の力によって、この身に如来の大きなことを恵まれ、煩悩の身のままに無上涅槃のさとりに向かって生きる身になる、この喜ばしい目覚めとともに、念仏しようという心が私に湧き起こったとき、私はただちに、しかも自然に、如来の救いの中に生きるものとなって、正定聚《しょうじょうじゅ》のくらいにつき定まるという恩恵を受けるのです。

阿弥陀如来の本願には、老人であるとか青年であるとか、

ひとをえらばれず、ただ信心《しんじん》を要《よう》とすとしるべし。そのゆへは、罪悪深重《ざいあくじんじゅう》・煩悩熾盛《ぼんのうしじょう》の衆生《しゅじょう》をたすけんがための願にてまします。

しかれば本願を信ぜんには、他の善も要《よう》にあらず、念仏にまさるべき善なきゆへに。悪をもおそるべからず、弥陀の本願をさまたぐるほどの悪なきがゆへにと、云々《うんぬん》。

あるいは善人とか悪人であるとかという、人間のさまざまなあり方の違いは、すべて何の意味もないのです。そうではなくて、如来の本願に目覚めること、この私が本願に生かされていることに目覚めること、この一事こそが大切なのです。何故かというと、罪深く障《さわ》り多い私、荒れた無残な心に身を責められることの多い私たちをたすけようと、立ち上がって下さったのが如来の本願だからです。

だからこそ、この本願に目覚めたならば、救いのためにあれこれの善い行ないをすることは、何も求められないのです。本願に感謝しつつ念仏する、このこと以上に確かな救いの道はないからです。私が身に感じおののくどんな悪も、怖れることはありません。阿弥陀如来の本願の力は、人間のどんな悪の力よりも大きいからですと、聖人は語られました。

『歎異抄』の中でことに第一条は、『歎異抄』の教えの全体を総まとめするという、大切な意味をもっている。この第一条は、親鸞聖人のいのちともいうべき〝本願の信〟について、非常に意味深いことを述べていると、私は思う。ところが『歎異抄』の全体を見ると、同じように大切な意味をもつものとして、〝念仏〟が繰り返し語られていることに気づく。この〝念仏と信心〟ということに注意して、親鸞聖人が信心というとき、それはどのような自覚を言うているのかを、尋ねていきたい。

◆念仏しようとする心

第一条の初めに、非常によく知られているあの言葉が、まずしるされている。

弥陀の誓願不思議にたすけられまいらせて、往生をばとぐるなりと信じて、(1)念仏申さんとおもひたつこころのをこるとき、(2)すなはち摂取不捨《せっしゅふしゃ》の利益《りやく》にあづけしめたまふなり。(3)

ここには、三つのことが語られている。(1)は本願を信ずるということは、一体どのような自覚をもつことなのかという、いわば本願の信の自覚内容を述べているのだと思う。それに続いて(2)は、その本願を信ずる心がわれわれに起こってくるときの姿について、それを念仏しようとする心が起こるのだと語っているのである。そして(3)は、本願の信がそれを獲《え》た人に実現する利益、それを「摂取不捨」という言葉で述べているのだと、見当をつけることができる。

この三つのことを述べているこの文章が、第一条のかなめだと私は思う。真宗の大綱を述べた文章だと、いってもよい。だからこの一節を正しく読まないと、『歎異抄』を正しく読んだことにならないのだとさえ、私は思う。その中でことに、「念仏申さんとおもいたつ心がおこる」と述べられていることに、私はとても心ひかれるものを感ずる。念仏しよう、言葉をかえれば、南無阿弥陀仏と称《とな》えよう、この心が私の中に噴き上がってくるのだという、この勢いに注意しよう。少なくとも親鸞聖人が〝念仏〟と言うとき、それはこの「念仏申さんとおもいたつ心」が、言葉となってほとばしり出たものであって、そこに躍動する勢いがあるのであった。この勢いを見落として、いくら親鸞聖人の〝念仏〟を考えてみても、それは正しい理解にはならないと思う。

念仏の声のもとにあるこの躍動する勢い、それは大きな感動にほかならない。この感動があるからこそ、人間のさまざまな思いを破って、南無阿弥陀仏という声となって、それがわれわれの上にほとばしり出るのである。その念仏となってほとばしり出る感動を、念仏する親鸞聖人について尋ねてみるとき、それは聖人の人生にとって決定的な意味をもっている、法然上人の教えとの出遇《であ》いの喜びこそそれであったと、私は言わずにはおられない。第二条には、「親鸞にをきては、ただ念仏して弥陀にたすけられまひらすべしと、よきひとの仰せをかぶりて、信ずるほかに別の子細なきなり」という、親鸞聖人が深い感慨をこめて語った言葉が伝えられている。その

「よきひとの仰せをかぶる」と言われている、大切な〝よき師〟と〝まことの言葉〟とに出遇ったということが、聖人にとってどんなに嬉しい出来事であったかを、よくよく考えてみなければならない。

この嬉しさ、すなわち〝まことの言葉〟と出遇ったという感動がほとばしり出て、南無阿弥陀仏、〝限りない光である如来によって、私は生きる〟という言葉となったのである。

◆人生の闇を破るもの

法然上人という〝よき人〟とめぐり遇い、その語る〝まことの言葉〟に何か身体全体が感動するのをおぼえたとき、親鸞聖人はとっても嬉しかったにちがいない。何故かというと、そこに長い長いさ迷いの遍歴があったからである。暗い闇の中を手さぐりで生きるような、辛い人生があったからである。その中で、親鸞聖人は、生きることに疲れ果てていたからである。

聖人は別に、知識として仏教を理解したい、そんな知的要求に立って仏教に関心を向けているのではない。念仏の意味を理解したい、そんな知識的な関心に立って、仏教を学ぼうとしているのでもない。そうではなくて、この暗い人生の闇を破って、明るい光の中に生きる身になりたい。一人で孤独の中に生きる身の悲しさと淋しさを破って、広やかな、賑《にぎ》やかな、温いいのちの交わりの中に生きたい。そういういわば魂の要求にうながされて、ひたむきに仏教に求め続けた人である。そのような親鸞聖人の魂の祈りが、よき人法然上人の「ただ念仏して、弥陀にたすけられよ」という、温かいはげましの言葉に出遇ったとき、完全に満たされたのであった。この満足と嬉しさが、『歎異抄』第一条が「念仏申さんとおもいたつ心がおこる」と語るとき、その躍動する心のもとにあるのである。

だから聖人にしたがって、われわれが念仏ということを本当に自分自身のものとしようとするならば、この生きることが突き当たる魂のもだえと祈り、実はそれは生身《なまみ》をもってこの世に生きる私たちが、人生のさまざまな出来事に遭遇して、いつも感ずるものであるのだが、それについての深い洞察と共感とをもたなければ、どうしようもないということを教えてくれているように、私には思われてならない。

『教行信証』を見ると、その一番初めのところに、親鸞聖人は次のような言葉を書きしるしている。

ひそかにおもんみれば、難思《なんし》の弘誓《ぐぜい》は難度海を度《ど》する大船《たいせん》、無碍《むげ》の光明は、無明の闇を破《は》する慧日《えにち》なり。

「難度海」――渡ることが容易ではない海。もちろんこれは、生き抜くことがなかなか容易ではない人生を譬えた言葉である。同じように「無明《むみょう》の闇」というのは、まっくらな中を、手さぐりで生きなければならないような人生の譬えである。これが親鸞聖人がつくづくと感じた、人がこの世を生きることのきびしさであった。その一点の明かりもない人生の闇を破って、限りない光の中に生きる身に目覚ましてくれたもの、それこそが「ただ念仏せよ」とすすめはげましてくれた、「よき人」の言葉であった。光の中に生きる身に目覚めた、この喜びに満ちた自覚が、南無阿弥陀仏の声となってほとばしり出たのである。

だから〝念仏〟というとき、それはどこまでも〝よき人の言葉〟、すなわちまことの教えを求め、まことの言葉を聞いていく、そういう聞法と離れては、およそありえないものである。聞法によってだけ、われわれは念仏する身に育てられていくのであって、聞法のない念仏などは、親鸞聖人のいう念仏とは、何の関係もない。そして念仏する身は、『教行信証』のこの言葉がはっきりと語り告げているように、限りない光の中に生きる自分に目覚めたものである。だから念仏は、朗らかな声である。湧き出るような嬉しさの表明である。大きな讃嘆の表白である。そして光の中に生きる自分への目覚めが、〝信心〟と呼ばれるものであるとするならば、南無阿弥陀仏というのは、このような自覚である信心の表明以外の、何ものでもない。

◆人生のことにまじめになる

もう一度ふり返って、親鸞聖人が「難度の海、無明の闇」と、聖人自身が生きてきた人生の、重たくきびしい現実を白状していることに、注意したい。確かに聖人の長い人生、九十年というとても長い人生は、苦しむことの多かった人生であった。その長い人生経験が親鸞聖人に、人生を「難度の海、無明の闇」と、ごまかさないで、しっかりと見つめる眼を鍛えていったのだと思う。

明治のころ、親鸞聖人の信心を〝わが信念〟として生きようとした非常にまじめな求道者に、清沢満之《きよざわまんし》先生がいる。先生は自分の求道の歩みをふり返って、「人生のことにまじめになる」ことから、私の如来を求めての旅が始まったと述懐している。「人生のことにまじめになる」というのは、私がいま生きている、その私自身が、自分にとって一つの問題となり、だから真剣に自分自身を問うことにほかならない。生活の中で経験するあれこれの出来事の中で、ただ喜んだり悲しんだり、ただ泣いたり笑ったり、ただ他人をあれこれと言ったり社会を論評したりするだけではなくて、そんなことをしながら生きている自分自身が、一番気にかかる問題となり、「自己とは何ぞや」という人生の根本問題に突き当たったことである。そのとき先生は、どうしても人生の意義を問わずにはおられなくなった、と述懐している。自分自身にとってかけがえのない私の人生、その意義を問わずにおられなくなる。それを「人生のことにまじめになる」と清沢先生は語り、それが如来を求めての歩みの始まりだったと、述べているのである。

そのとき先生は、どのような自分を見ていたのだろうか。自分自身を問う清沢先生が見た自分自身、それを先生は「迷悶者」と白状した。人生のさまざまな出来事の中で、煩悶し苦悩しながら生きる私、その私のいのちの全体が、底知れぬ深い迷いの中にあり、どこへともわからずに流れている。こういうとても敏感な、そして確かな自分自身の見つめであった。さらに先生は言う。

宗教は、迷悶せる者に安慰を与うるものなり。迷悶なき人には、宗教は無用なるものなり。

このような清沢満之先生の述懐を聞くと、私は他人《ひと》ごととは思われないのであるが、同時にすぐに親鸞聖人を思い出す。迷悶者というのは、聖人が繰り返して語っている「煩悩具足《ぼんのうぐそく》の凡夫《ぼんぶ》」という自分を白状した言葉と、全く同じ意味である。いわば清沢先生は、親鸞聖人と同じように、まじめに自己を問わずにはおられない求道心に生きて、聖人が歩いたと同じ如来を求めての道を歩き、生きていった人であるにちがいない。

このようにして、二人の求道の先輩によって見つめられ、そして白状された、人間がこの世を生きる厳粛な姿、「迷悶者」そして「煩悩具足の凡夫」。これが浄土真宗という仏道、言葉をかえて言えば〝本願の仏道〟を求めずにはおられない人間の自覚であり、そして本願の仏道に帰して、南無阿弥陀仏と朗らかに念仏する者となって救われていく人間の姿である。そしてこの迷悶者が投げ出され、生きている人生の厳粛さが、「難度の海、無明の闇」と告白されていたのである。

◆信心の源泉

だから自分自身を迷悶者とか煩悩熾盛《しじょう》のわれらと見、その自分の生きる人生を「難度の海」とか「無明の闇」と感ずる人の人生は、感情的に言えばとても重たいものと感ぜられているのだというほかはない。この、生きることに重さを感ずるほかはない人間を、親鸞聖人は、「そくばくの業《ごう》をもちける身」と言い表わしている。そのような私が、よき人の語る〝まことの言葉〟に遇《あ》い、それによって心を開かれて、その無明の闇を破って光の中に生きる身となったということは、だからとても大きな嬉しさであり、感動であったのである。その喜びと感謝とに満ちた感動が、前に述べたように南無阿弥陀仏という朗らかな声となってほとばしり出るのであった。無明の闇の中をさ迷い続けた自分が、このように限りない光の中に生きる身となったのであるが、この感謝するほかはない、そして驚くほかはない大きな目覚めが、一体どこからきたのであろうか。このことを親鸞聖人は、この感動の中でよくよく考え抜いたのであった。そしてついに尋ねあてたこの念仏する信心のよって来る源泉は、如来の本願にほかならないと、はっきりと信知したのであった。

『歎異抄』の最後のところ（後序）に、晩年の親鸞聖人がいつも語っていたという述懐が伝えられている。それは、

　聖人のつねの仰せには、弥陀の五劫思惟《ごこうしゆい》の願をよくよく案《あん》ずれば、ひとへに親鸞一人《いちにん》がためなりけり。さればそくばくの業をもちける身にてありけるを、たすけんとおぼしめしたちける本願の、かたじけなさよ。

という言葉である。「つねの仰せ」というのであるから、聖人は折にふれてこう述懐することが、何度も何度もあったのであろう。そこに「そくばくの業《ごう》をもちける身」、即ち背負い切れぬほどの人生の重荷を背負って、喘《あえ》ぐように生きるものという、親鸞聖人の正直な、そして厳粛な自己凝視が、まっすぐに白状されている。その身が、すでに尋ねたように、朗らかに南無阿弥陀仏と称《とな》えて光の中に生きる身と甦《よみが》える。それはひとえに本願に呼び覚まされた、その恩徳だと言うほかはない。重い人生の荷物を背負い、闇の中を生きあぐねている私。その私をこそたすけようとして、本願は起こされたのだ。人生に苦悩して生きる私のために、如来はそのいのちのすべてをあげて、念仏して如来のいのちに帰れと、私を呼び続けてくれたのだ。その如来のご苦労があれ

ばこそ、いま私は南無阿弥陀仏と、如来のいのちに生かされる喜びの中に生きる身となったのだ。それを思うと、如来のご恩をただ感謝するほかはない。感謝なくして、私は本願について、何一つ語ることはできないのだ。聖人は、いつもこう述懐していたという。

よき人のまことの言葉に遇うて、念仏して光の中に生きる身となった親鸞聖人は、その念仏が、あれこれと人生に思い悩む心を突破して、聖人の中にほとばしり出るのを強く強く自覚していた。その感動が、念仏する心の奥深い底に、念仏して如来のいのちに帰れと叫び続けて止まない本願の叫びを、しっかりと聞き取ったのである。「念仏申さんとおもいたつ心がおこる」という体験と、「そくばくの業をもちける身にてありけるを、たすけんとおぼしめしたちける本願」という述懐と、この呼応しあう響きを、私たちはよくよく心して聞かなければならない。

このような念仏に、親鸞聖人は煩悩にまみれて生き、この世に生きる重さを一身に背負って喘《あえ》ぐ人間が、平等に、そして無条件に、仏法の熱いいのちに呼び帰されていく姿を、しっかりと見届けたのであった。

（大谷大学名誉教授）

3　本願の念仏に生きる
――歎異抄第二条――

小《お》野《の》蓮《れん》明《みよう》

〔第二条　原文〕

をのをの十余ケ国のさかひをこえて、身命《しんみよう》をかへりみずして、たづねきたらしめたまふ御こころざし、ひとへに往生極楽のみちをとひきかんがためなり。

しかるに、念仏よりほかに往生のみちをも存知《ぞんち》し、また法文等《ほうもんとう》をもしりたるらんと、こころにくくおぼしめしておはし

〔現代語訳〕

あなた方が、はるばる関東からこの京都まで、十あまりもの国ざかいを越えて、いのちがけで尋ねて来られたご本心は、ただ阿弥陀の浄土に生まれる道を問い明らかにするためであるにちがいない。

ところが、この親鸞が、もし念仏よりほかに浄土に生まれる道を知っているとか、また、そういうことを記《しる》した書物などをも知っているのであろう、そ

ましてはんべらんは、おほきなるあやまりなり。もししからば、南都北嶺《なんとほくれい》にも、ゆゆしき学生《がくしょう》たち、おほく座《おわ》せられて候《そうろ》ふなれば、かのひとびとにもあひたてまつりて、往生の要よくよくきかるべきなり。

親鸞にをきては、ただ念仏して弥陀にたすけられまひらすべしと、よきひとの仰せをかぶりて、信ずるほかに別の子細《しさい》なきなり。念仏は、まことに浄土に生まるるたねにてやはんべるらん、また地獄におつべき業《ごう》にてやはんべるらん、総じてもて存知せざるなり。

たとひ法然聖人にすかされまひらせて、念仏して地獄におちたりとも、さらに後

の真相が知りたい、と思っておられるならば、それは大きなあやまりである。もし、そのようなことであるなら、奈良や比叡山にもすぐれた学者たちがたくさんおられることですから、その人たちにでもお会いになって、浄土に生まれるための要点を、よくよくお聞きなされるのがよろしいでしょう。

親鸞においては、ただ念仏して阿弥陀仏にたすけていただきましょうと、よき師（法然上人）の仰せをいただいて信ずるほかに、格別のことはありません。念仏は、本当に浄土に生まれるたね（因）であろうか、また、地獄におちる業（因）であろうか、そういうことは、考えてみてもまったくわからない。

たとい法然上人にだまされて、念仏して地獄におちたとしても、少しも後悔はいたしません。というのは、念仏以外の修行を励んで仏になることのでき

悔すべからず候ふ。そのゆへは、自余《じよ》の行《ぎょう》をはげみて仏《ぶつ》になるべかりける身が、念仏を申して地獄にもおちて候はばこそ、すかされたてまつりてといふ後悔も候はめ、いづれの行もをよびがたき身なれば、とても地獄は一定《いちじょう》すみかぞかし。

弥陀の本願まことにおはしまさば、釈尊の説教、虚言《きょごん》なるべからず。仏説《ぶっせつ》まことにおはしまさば、善導《ぜんどう》の御釈《おんしゃく》、虚言したまふべからず。善導の御釈まことならば、法然の仰せそらごとならんや。法然の仰せまことならば、親鸞が申すむね、またもてむなしかるべからず候ふ歟《か》。詮《せん》ずるところ愚身《ぐしん》の信心にをきては、かくのごとし。このうへは、念仏をとりて信

る身が、念仏を称えたばかりに地獄へおちたというのであれば、だまされた、という後悔もあるであろう。しかし、どのような修行もできないこの身であるから、どうしてみても地獄は私の決定的な住みかなのである。

阿弥陀仏の本願が真実《まこと》であるならば、釈尊の説かれた教えが虚言《うそ》であるはずがない。仏陀釈尊の説かれる教えがまことならば、それに基づいた善導大師《ぜんどうだいし》のご解釈も、うそいつわりであるはずはない。善導大師のご解釈がまことであるならば、それをひとえに受けつがれた法然上人の仰せが、どうしていつわりであろうか。法然上人の仰せがまことであるならば、親鸞の申すことも、これまた、まことでないはずがありましょうか。要するに、この愚《おろ》かな身にいただく信心は、このようなものであります。だから、

じたてまつらんとも、またすてんとも、面々《めんめん》の御《おん》はからひなりと、云々《うんぬん》。

このうえは、念仏を信じられようとも、また、捨てられようとも、それは、あなたがた一人ひとりのご決断によるのです、と親鸞聖人は仰せになりました。

◆念仏無間と善鸞事件

『歎異抄』第二条は、関東からはるばる尋ねて上洛した門弟たちと、親鸞聖人との間に交わされた問答であります。それは、「身命をかへりみずして」上洛した門弟たちとの問答でありますから、文字通りある緊張した状況の中で、身のいのちよりもさらに重い、永遠のいのちの世界を尋ね、明らかにしようとするものであります。

親鸞聖人は、建保二年（一二一四）四十二歳のころから約二十年、関東の地に過ごして、その生涯のうちで最も情熱的に伝道教化に専心されたのであります。常陸の稲田《いなだ》（茨城県笠間市稲田）に草庵をむすんで、そこを教化の中心とし、やがて性信《しょうしん》を指導者とする横曽根門徒《よこそねもんと》とか、真仏《しんぶつ》や顕智《けんち》を指導者とする高田《たかだ》門徒とか、あるいは順信や浄信や真浄などの鹿島《かしま》門徒などの、いくつかの念仏の同朋《どうぼう》集団が生まれるのであります。東国の同朋に対する熱心な教化の指導は、親鸞が帰洛されてからも、その生涯を終わるまで続けられるのであって、そのことは、残された数多くのご消息や『一念多念文意《もんい》』『唯信鈔文意《ゆいしんしょうもんい》』などの著作から容易に知ることができます。

ところが親鸞聖人の帰洛後、残された関東の門侶《もんりょ》たちの間に、さまざまな異見や異義が起こり、教団の混乱が年を追うて激しくなるのです。念仏の教えによってかたく結ばれていたはずの教団に、念仏の教えについての疑惑が生まれてきたのです。念仏の教えに対するかたい信念が、その底より揺れ動き始めてきたのです。「はたして念仏が真実の往生浄土の教法であるのかどうか」と。このような関東教団の動揺に、決定的な影響を与えたできごとがいくつか考えられます。

その一は、日蓮が立教開宗の宣言の際に主張した四つの格言であります。日蓮の立教開宗は建長五年（一二五三）で、親鸞の八十一歳のときでありますが、大道の辻説法に立って、「念仏無《む》間《げん》、禅天魔、真言《しんごん》亡国、律《りつ》国賊」と叫んだといわれています。なんと激しい言葉でしょうか。念仏無間地獄といって、念仏は往生の仏道ではなくて、無間地獄、地獄へ直結する道であるというのです。このような激しい主張に対して、関東のまじめな念仏者たちは、激しく揺れ動き、混乱しないはずがなかったと思われます。

いま一つは、そのことよりももっと直接的に、大混乱をもたらしめたのは、いわゆる善鸞事件として知られている、親鸞の実子・善鸞の反逆的行為であります。むろん善鸞は、初めから親鸞や念仏者たちを裏切り、反逆するつもりはなかったでありましょう。しかし、結果的には、大変な反逆行為として終結するのであります。ことの顚末は必ずしも明瞭ではないが、関東門侶の動揺をしずめるために、親鸞聖人は実子善鸞をつかわしたのであります。ところが、『御消息集』などによれば、善鸞は、関東の代表的な門弟を親鸞聖人に偽《いつわ》り、また、さらに深刻なことは、関東の門侶に親鸞聖人の真意を偽って伝え、念仏の法門を棄てるようにすすめたことであります。それは何故であろうか。おそらく、善鸞が関東で自分の任務を果たしていこうとしたとき、それを受け入れる態勢のないことを知って、まず自分の影響力を確立するために、やむをえずとられた行為であったのかもしれません。しかし、それにしても事はあまりにも無謀であって、関東の門侶を根底から動揺せしめ、大混乱に落とし入れたのは言うまでもありません。親鸞聖人は、その事の真相を知ったとき、

いまは、親といふことあるべからず、子とおもふことおもいきりたり。三宝・神明にもふしきりおわりぬ、かなしきことなり。

と言って、実子善鸞を義絶し勘当したのであります。時に建長八年（一二五六）五月二十九日、親鸞八十四歳であった。このとき、今まで数えきれぬほどの人を教化してきた親鸞聖人が、どうにもならぬわが子を見、また、わが子一人さえどうすることもできぬ自分を見たのであります。しかし、この悲痛な事件に、われわれは、真実の仏法を護り、それにどこまでも生ききろうとす

る親鸞の生き様を見ることができます。

◆よき人の仰せ

第二条の問答は、このような歴史的状況の中で開かれたものであろうと思います。この問答の最初において、関東の同朋たちを迎えた親鸞聖人は、身命をかえりみずして尋ねて来られた本心は、ひとえに阿弥陀の世界に生まれるものとなる道、「往生極楽のみちをとひきかんがためなり」と言って、問う人の身になって、断定的に言いきっていることに注意すべきであります。それは、どんな人も人間であるかぎり、いのちをかけて明らかにしなければならない根本の問題は、「ひとえに往生極楽の道を問い聞く」ということ、このことのほかにはない、ということを示すものであります。

往生極楽の道を問い聞くということは、人間として生まれた私が、まことの人間となる道を問い求めるということ、一人の愚かな私が愚かなもので充足していく道を問い求めるということであります。人間成就の歩みであります。親鸞は、それ故に、次に「念仏よりほかに阿弥陀の世界に生まれる道を知っているとか、それを証明するような教えや、あるいは経典などを知っているなどと考えておられるならば、大変な間違いである」と言って、何よりも自らが念仏に生きる身となった自己の信念を告白されたのも、そのためでありましょう。

親鸞にをきては、ただ念仏して弥陀にたすけられまひらすべしと、よきひとの仰せをかぶりて、信ずるほかに別の子細なきなり。

ここに「親鸞におきては」と言って、実名を名乗っているのは、法然や親鸞の念仏の教えを弾圧した聖道門《しょうどうもん》の仏教者に対し、あるいは先に述べた日蓮の主張や善鸞の言行に、さらにはその異説に迷うている関東の門侶に対して、はっきりと自分の立っている信仰の立脚地を示されたのでありましょう。それは、惑うて来られた人々のいのちがけの姿を見つめて、親鸞は自分の信心を改めて確かめてみなければならなかった、ということでもありましょう。この実名の名乗りには、何か主体性のある実存の名乗りを強く感じます。

では、親鸞をして「親鸞におきては」と名乗らしめたものは何でしょうか。それは、「よき人の仰せ」である、と親鸞聖人は言いきっています。「よき人」とは善知識で、具体的には法然上人であります。親鸞が法然に初めて出遇《であ》ったのは二十九歳のときであり、別れたのは三十五歳の承元の法難による越後流罪のときであった。すると、第二条の問答が善鸞事件のころであると想像してみると、法然に出遇ってすでに五十五年、別れて四十九年の時を経たころになります。約半世紀も時を隔てながら、なおも「よき人」と仰ぐところに、親鸞にとって法然との出遇いが、いかに絶対的な意味をもつものであったかが知られます。親鸞に新しい仏道の歩みの出発を与えたのが法然であるとすれば、親鸞の仏道の歩み、人生の全体が、法然の仰せの聞こえる場所として生涯が尽くされたのであります。だから、親鸞にとって、教えを語ることは、そのまま自らの仏道の歩みに決定的な出発を与えた法然との値遇を語ることになったのです。

しかし、親鸞は「よきひとの仰せをかぶりて」と言って、法然という名をもった人格によって、自らの信心を確かめようとはしません。「法然の仰せをかぶりて」とは言いません。『教行信証』の後序において、

然《しか》るに愚禿釈《ぐとくしゃく》の鸞《らん》、建仁辛《かのと》の酉《とり》の暦《れき》、雑行《ぞうぎょう》を棄てて本願に帰す。

と言って、法然と出遇った歴史的出来事を、「雑行を棄てて本願に帰す」と言っています。それは、建仁元年（一二〇一）二十九歳の年に、法然という一人の師に出遇ったというだけでなしに、法然をも生かしめている阿弥陀の本願との出遇いにほかならなかったことを表わしています。法然に出遇うことによって、阿弥陀の本願の歴史のうちに呼び覚まされて、南無阿弥陀仏の大行《だいぎょう》の歴史のうちに自分自身を見い出したという、回心《えしん》の事実を語るものであります。その限り、親鸞にとって法然上人はどこまでも「よき人」と仰がれたのであります。「よき人」というのは、親鸞聖人にとって法然上人は、つねに「いま現にましまして法を説きたまう」という今現在の師

であったからであります。

「親鸞におきては」という独立者親鸞の誕生は、ひとえに「よき人の仰せ」との値遇によるのでありまます。では、よき人・法然の「仰せ」とは何であったのでしょうか。それは、

ただ念仏して弥陀にたすけられまひらすべし。

という、この端的な一言でありました。「仰せ」とは、教えということであるが、しかし、単なる教えではない。それは、親鸞の身の現在に、いつでも今として聞こえてくる教え、現在する教えであります。法然との出遇いより半世紀の時を隔てていても、その教えが、言葉として、声として、響きとして、つねに親鸞の身の現在に、今として聞こえてくる教えです。そういう現在の身に聞こえてくるような教えを「仰せ」と言ったのでありましょう。「仰せ」という表現をもって、教えの事実を語る『歎異抄』の表現に注意すべきであります。

親鸞の現在に聞こえてくる「よき人の仰せ」

法然上人画像

とは、「ただ念仏して弥陀にたすけられまひらすべし」という教言であった。「ただ」とは、雑《ぞう》行《ぎょう》雑修《ざつしゅ》、定散自力《じょうさんじりき》の諸善万行《まんぎょう》に簡《えら》んで、「ただ念仏」である。一向専修《いっこうせんじゅ》でありますす。一向専修とは、定散自力の諸行を棄てて、ひとえに本願の念仏に帰するということであります。親鸞は、「ただ念仏せよ」という師の教言の奥底に、「ひとえに本願に帰せよ」「ただ本願を聞け」という決定的な声を聞きあてていったにちがいありません。確かに法然は日課六万遍の念仏を修した方であります。だからこそ、法然に帰依した親鸞は、師の熾烈《しれつ》な専修念仏の行業のうちに、ひとえに選択本願に帰した師の内面の自覚を、深々《ふかぶか》と読みとったにちがいありません。親鸞の鋭い聞思《もんし》は、法然の専修念仏の源泉に深く尋ね入って、いま「本願に帰す」と表白し、身のすべてを挙げて本願を生きるものとなったのであります。

◆本願のまことを生きた道

「本願に帰す」という親鸞の回心《えしん》は、法然の「ただ念仏せよ」という教言との値遇によるのであるが、そうすると、その本願とは、念仏往生の願を内容とする阿弥陀の選択本願であることは言うまでもありません。阿弥陀の本願とは、あらゆる世界に生きるものの、生死苦悩《しょうじ》の世界に迷うているもののすべてを摂取し、救済したいという願いを起こし、その願いが成就しないならば、自らも仏としての正覚《しょうがく》（さとり）を取らないという誓いであります。その意味で、本願とは、阿弥陀が自身のさとりをかけた「仏の御約束」であります。阿弥陀が生死苦悩のただ中に生きる衆生の根底にまで自らを没しきり、苦悩の衆生の全体を背負い担って立つという大精神の主体が、法蔵菩薩《ほうぞうぼさつ》であると、大無量寿経に教説されています。

本願を発《おこ》し誓われた法蔵菩薩の願心は、一切衆生の救われるまで自らも仏にならないという願心であり、それは、一切衆生の目覚めを限りなく待つという大慈大悲心であります。衆生を目覚まし、目覚めた衆生において自らを成就する、それが本願の誓いであります。そして、本願が衆生を目覚まし、目覚めた衆生の一人ひとりにおいて自らを成就するという、本願のはたらきを表わすもの、それが「南無阿弥陀仏」の名号であります。

南無阿弥陀仏の名号は、したがって単なる仏の名ではありません。それは、本願においてわれを喚《よ》び、わが国に来たれと喚ぶ、本願の「名号・ことば」（欲生我国《よくしょうがこく》）であります。われら人間は、すでにして「わが国に生まれんと欲《おも》え」という、招喚《しょうかん》としての「名」が与えられている存在であります。そして、そのような本願の叫びに喚びさまされた目覚めが、信心であります。われに生きよ、目覚めよと喚びかける仏のはたらきが名号であるとすれば、その招喚に喚びさまされた大いなる目覚めが信心であります。

信心とは、私を本当に独立さす心であります。しかし、私を独立さす心は、私の内からは出て来ません。われらの内にその根はありません。信心は私の上に成就するけれども、信心の根は私を超えて、阿弥陀の願心であります。信心の成就は、阿弥陀の本願の成就であります。しかも、その成就は、いつでも私における成就であり、私における本願の成就は、自己一人という根源主体の成就であります。信心の成就は、最も厳密な意味における人間の成就なのであります。

それ故に、親鸞聖人は、

たとひ、法然聖人にすかされまひらせて、念仏して地獄におちたりとも、さらに後悔すべからず候ふ。

と言って、法然上人という人格への依存から離れて、自立した親鸞、本願の正機《しょうき》（正客・めあて）としての親鸞の大地を表白されたのであります。では、どうして念仏して地獄におちても後悔しない、とまで言いきれたのでしょうか。その心境を、親鸞は「そのゆえは」と押えて、

自余の行をはげみて仏になるべかりける身が、念仏を申して地獄にもおちて候はばこそ、すかされたてまつりてといふ後悔も候はめ、いづれの行もをよびがたき身なれば、とても地獄は一定《いちじょう》すみかぞかし。

と言って、地獄こそまさしく自分の住み処であると言うのであります。もし親鸞が自余の行（念

仏以外の諸行）をはげんで仏になるという思いの上に生きているならば、念仏して地獄におちたということであれば後悔もあるであろう。しかし、「いづれの行もをよびがたき身」というわが「身」の事実にうなずいてみれば、地獄こそわが住み処である、というのです。地獄こそわが住み処であるとうなずいたとき、地獄の現実に安んじて生きていける親鸞が誕生したのであります。信心を獲る、獲信《ぎゃくしん》とは、地獄のただ中に安んじていける自己自身の獲得であります。

親鸞聖人は、そのような自己自身に生きるまことの自信を与えた教えの根源を示して、

> 弥陀の本願まことにおはしまさば、釈尊の説教、虚言なるべからず。仏説まことにおはしまさば、善導の御釈《おんしゃく》、虚言したまふべからず。善導の御釈まことならば、法然の仰せそらごとならんや。法然の仰せまことならば、親鸞が申すむね、またもてむなしかるべからず候ふ歟《か》。

と言います。ここには、本願の教えの歴史的伝統が語られています。釈尊・善導・法然、そのいずれの人の生きた道も、すべて本願のまことを生きた道であり、それが今また、親鸞の歩いている道なのであります。祖師たちの生きた本願の大地に立ってみれば、釈尊も善導も法然も、すべて親鸞にとっては、「仰せ」として本願のまことを伝えて下さった本願の歴史であったのであります。阿弥陀の本願のまことに目覚めてみれば、善導をたより、法然に依存する必要が全くなく

なったのであります。本願の正機として自己を発見したとき、親鸞は、安んじて地獄を生きる一人・独立者となったのであります。それが「愚身の信心」であります。

このうへは、念仏をとりて信じたてまつらんとも、またすてんとも、面々の御《おん》はからひなりと、云々《うんぬん》。

問答を結ぶこの最後の一句のうちに、親鸞聖人の強い自信と念仏の同朋《どうぼう》たちへの深い慈愛がほとばしっています。いかなる人も、すでに阿弥陀の大悲の本願の内に生きるものであったのであります。今こそ一人ひとりが本願の正機であることに目覚め、阿弥陀の本願に自覚的に立って、一人を生きるものとなれ、と親鸞は、われらに呼びかけ叫んでいるのです。独立自尊の自己に目覚めて、一人の生と人生を完全に生きるものとなれ、と親鸞聖人は力を込めて歓励するのであります。

（大谷大学教授）

4　悪人こそ主人公
――歎異抄第三条――

髙《たか》松《まつ》信《しん》英《えい》

〔第三条　原文〕

善人なをもて往生をとぐ、いはんや悪人をや。

しかるを世《よ》のひとつねにいはく、悪人なを往生す、いかにいはんや善人をやと。この条、一旦そのいはれあるににたれども、本願他力の意趣《いしゆ》にそむけり。そのゆへは、

〔現代語訳〕

できの良い人でも、明るい生き生きとした阿弥陀の世界に向かうことができるのだから、ましてや、できの悪い者はだめだ、などということはありえない。

ところが世間の常識ではいつも、できの悪い者が救われるのなら、ましてやできの良い人が救われるのが当然だ、と言う。誰が考えても、その意見の方が正しいような気がするが、それはまだ阿弥陀の親心の深さに気がついていな

自力作善《じりきさぜん》のひとは、ひとへに他力《たりき》をたのむこころかけたるあひだ、弥陀の本願にあらず。

しかれども、自力のこころをひるがへして、他力をたのみたてまつれば、真実報土の往生をとぐるなり。煩悩具足のわれらは、いづれの行にても生死《しょうじ》をはなるることあるべからざるをあはれみたまひて、願をおこしたまふ本意《ほんい》、悪人成仏のためなれば、他力をたのみたてまつる悪人、もとも往生の正因《しょういん》なり。よて善人だにこそ往生すれ、まして悪人はと、仰せ候《そうら》ひき。

いのである。何故ならば私が努力さえすれば必ず幸せになれると思っている人は、自分が気がついていない自信過剰のために、阿弥陀の親心がわからないからである。

けれども、うぬぼれの鼻が折られて、私の愚かさが身にしみて感じられるようになると、誰でも間違いなく思いがけない明るい生き生きとした私に生まれ変わることができる。生涯、欲望の眼と共に生きるしかない私たちは、偉そうな理想を掲げても、結局は目先の利害に縛られてしまう。そういう私を深く悲しむ心にこそ、阿弥陀の親心が身にしみて響いてくるのだから、私のような者はどう考えてもだめな人間だ、と嘆き悲しむ者こそ、阿弥陀の世界に真っ先に導かれる人なのである。だからこそ、できの良い人でも明るい阿弥陀の世界へ眼を開けるなら、ましてやできの悪い者は当然だと教えられたのである。

◆教えは私を映し出す鏡

「善人なをもて往生をとぐ、いはんや悪人をや」……あまりにも有名な、親鸞聖人の教えである。だが、こんなに人によく知られている言葉でありながら、こんなにわかりにくい言葉も珍らしいのであろう。悪い人こそ救われる、よい人はあとまわしだ、というのだから、この世の常識の世界では、なるほどと、素直にうなずける人は少ない。みんなそれはおかしい、と思うのであろう。

中国の善導《ぜんどう》大師は、その著『観無量寿経疏《かんむりょうじゅきょうしょ》』の中に「経教は、これをたとうるに鏡のごとし。しばしば読み、しばしばたずぬれば、智慧を開発《かいほつ》す」（仏典の教えは、ちょうど鏡のようなものである。いつも身近において読み、その心をたずねて行くと、思いもかけなかった自分自身の姿がはっきりしてくる）と教えられている。私たちは、仏教を学ぶといえば難しい仏教用語をたくさんおぼえて偉い人になるように思うけれども、この善導大師の教えをいただくと、仏教がよくわかった、ということは、物知りになって偉い人になったということではなく、今まで考えてもみなかった私というものがよくわかった、ということにほかならないのである。

だから、この「善人なをもて往生をとぐ、いはんや悪人をや」という教えも、自分のこざかしい知識のはかりにかけて、「まちがっている」とか、「どう考えてみても理屈に合わない」というように、批判しても、そこからは何も生まれてこないのであろう。それどころか、自分自身は気づいていないが、いつのまにか偉い人間になって、自分の考えに合うものは受け入れる、自分の考えに合わなければ受け入れられない、という狭い物の見方の中に埋没してしまうのである。

井戸の中に住んでいた子蛙が初めて井戸の外へ這い上がったとき、思いがけず大きな牛と出会った。「何と大きなものがこの世にいるのだろう」と、感動した子蛙は井戸に戻り、見てきたままを語ったが、親蛙にはわからなかった。井戸から外へ出たことのない親蛙は、一所懸命に息を吸いこんでお腹をふくらませ、このくらいか、このくらいか、と子蛙にたずねた。子蛙は首を振るばかり。ついに親蛙のお腹は限界を超えて破裂してしまう。

こんなお話を読んでいると、バカな親蛙よと思うが、それは実に、今ここに生きている自分自身の姿だということに気がついたならば、笑っていることはできなくなるであろう。教えは私を映し出す鏡だ、ということを忘れると、私たちは、その鏡の寸法を測り始める。鏡を見るということは自分を見ることなのに、鏡が何でできているか、どれほどの値段の鏡か、などと、どんなに精密に研究したところで、それは鏡を見たことにはならないではないか。

私たちは、自分の狭い知識のはかりに仏法をかけて、わかるとか、わからないとか、正しいとか、まちがっているとか、道草を喰っていてはならない。仏教を学ぼうとする者は、自身の知識のはかりに仏教を載《の》せてはかるのではなく、仏教の広大な心のはかりに自分自身が載《の》ればよいのだ。問題は仏教にあるのではなく、自分自身なのだから。

◆宗教は手段ではない

親鸞聖人は、善人のことを、自力作善《じりきさぜん》の人と呼んでいる。つまり、自分の力で努力さえすれば何とかなっていく、と信ずる者である。自分の努力を積み重ねれば、必ず幸せになれるはずだ、と信ずる者は、仏教を学ぼうとするはずがないのだ。西田幾多郎先生は、その著『善の研究』の中に「宗教は人間の目的そのものであって、決して他の手段とすべきものではない」と、警告されている。このことがはっきりしていないと、「何のために仏を拝む必要があるのか」「仏など拝んで何になる」と思うのであろう。自分自身を見る鏡を見失うと、目に見えるもの、耳に聞こえるものすべてが、自分にとって、もうかるか、損するか、役に立つか、立たないか、という物差しにかけるより仕方がないのであろう。

太平洋戦争が終わったとき、日本人は、「神さまに祈っても、仏さまを信じても、戦争に勝てなかったではないか。宗教家は権力と妥協して戦争犯罪の片棒をかついだ。私たちはそれにだまされてきたのだ」と叫び、手を合わせて拝む生活を放棄して、より生活が楽になるように、より生活が便利になるように、と物をかき集めて幸福になろうとする道を選んだ。そのとき、宗教は自分の欲望の満足や、生活が楽になるための手段ではないことを、身にしみて感じたはずなのである。何かの手段であったにせ宗教の正体が暴露されたのだから、宗教を本来の姿に戻す絶好のチャンスだったのである。

ところが、物質的繁栄を夢みた日本人は、人間の目的そのものといわれる宗教まで放棄し、心を無視して突っ走ってしまった。心を無視すると、あの終戦のときに「もうだまされないぞ」と誓ったはずの「何かの手段としての宗教」が、次々に復活してくる。欲望の満足のみに人々の関心が集まるときには、祈れば幸せになる、お金がもうかる、商売が繁盛する、病気がなおる、長生きできる、試験に合格する、交通事故に遭わないで済む、たたりがなくなる、という言葉が、ばら色のように輝いて見えるからだ。

高度成長のかげりが見え始めると、「物を追う時代は去った。これからは心の時代である。そのためには宗教教育を大事にせねばならぬ」と主張する人たちが続々と現われてきた。だが、その主張の中味をたずねると、「近頃の若い者は年寄りを大事にしないで自分勝手なことばかりやっている」「近頃の子供は、がまんするということを知らない」「年々、悪いことをする者が増え続けている、何とかせねばならぬ」と、そういう問題を解決するための手段として、宗教を利用しようとしているだけではないか。

宗教を何かのための手段とする者は、肝心の自分自身が見えなくなっている。親孝行しないのも、がまんしないのも、悪の道に染まるのも、みんな他人なのだ。自分自身は、何も悪いことはしていないし、世の中の事はよくわかっているし、よい心の持主だから、そのだめ人間たちを何とかして救ってあげよう、そのために宗教を利用しようとしているのであろう。そういう自分だということに気がつかなければ、宗教はどこまでも他人のためのものであり、自分は単なる傍観者にすぎなくなる。

◆自力作善の人

善人は、偉い人。自分は何もやましいことはしていない、という立場に立って、他人に対しては、その善悪を裁く人である。学校の教師などやっていると、いつのまにか、親鸞聖人の言葉のような、自力作善《じりきさぜん》人間になっていく。生徒が非行に走る。何度注意しても歯止めはかからず、いっそう事態は深刻化していく。ついにどうにもならないところまで追いつめられると、生徒とその保護者を呼んで、退学勧告をする。「何度も何度も、こんなことにならないように指導を続けて来たが、もうどうにもなりません。どうぞお引きとり下さい」と。その時点ではもう、親たちがどんなに嘆願しても、決定は動かない。だまって頭を下げていく親、先生を鬼のようにののしっていく親、いろいろな場合がある。

教師は考える。「あれは生徒の自業自得だ。こんなことにならないように、日頃先生の言うことを聞いて行動を慎んでいればよかったのだ。親も親だ。子供のことに無関心で、子供が心配なとき、あれほど何とかして下さいと申し入れたのに何もしてくれなかった。今になってすべて学校の責任だなどと非難するのは全く筋違いだ。私はやるべきことはきちんと実行したのだ。子供のためにできるだけのことはやったつもりだ。それなのに子供も家庭も動いてくれなかったのだから、やむをえない。これは仕方がなかったのだ」と、自分に言いきかすのであろう。

だが、何となく後味が悪い。論理的にはきちんと筋が通っているし、世間一般からもとやかく言われる筋合いはない。それなのに、どうしても割りきれないものが残る。でも、そんなことを言っていると事態は少しも解決しない。だから最後は事務的に処理して一件落着したことにし、それも日がたつと忘れられていく。これが現代の高校教師の実像ではなかろうか。

親鸞聖人は「自力作善のひとは、ひとへに他力をたのむこころかけたるあひだ、弥陀の本願にあらず」と教えられている。理屈の上では自分に何一つ落度はない。筋は通っているのだから、ひとさまからとやかく言われることはない。確かに日が経てば忘れられていくことなのだ。しかし、この自力作善の人の生活には、人間的なうるおいがない。周りの人たちの心を明るくし、自分の心も明るくする働きが出てこない。何も悪いことはないのだが、冷たいのだ。血の通った暖か味が欠けているのだ。

学校教育の現場では、学校の規則や、集団生活を乱すことのないように、場合によっては、停学も退学もさせねばならない。停学退学など権力の行使だ、管理教育の悪の発露だ、などと批判する人もあろう。だが自分が教育の現場に立てば、きれいごとでは済まされないこともたくさんあるにちがいない。批判者になることはたやすいが、当事者であるということは大変なことなのだ。だから、停学退学という非人間的な処置もしなければならないときが出てくる。退学などさせないように何とかすべきだ。理想論者は常に傍観者の立場からそのように発言する。だが、どうにもならなくなったから退学になった、ということがあるのだ。

ただその場合に、やむをえなかったのだから、仕方がなかったのだ、と自分に言いきかせて開き直ると、自分の狭い心の世界に閉じこもる暗い方向に歩まねばならない。私は正しいんだと主張すればするほど非人間的な生活に追いこまれることになる。

私は、あるとき、生徒と親に退学勧告をつきつけ、退学届けを出させたクラス担任が、玄関で、帰って行く退学生とその親の後姿を見送りながら、その眼に涙を浮かべて立っていた姿を見たことがある。その子のために一所懸命立ち直るように努力し、その子のために自分の生活を犠牲にして、この一年間働いてきた。それなのについにどうにもならないところまで来てしまって、鬼のような顔で退学勧告しなければならなかった。だがこの先生は、「できるだけのことはやったのだから、しかたがなかったのだ。自業自得だったのだ」と割りきることはできなかった。

その先生の涙は「私の力およばず、申しわけありませんでした。こんな力のない私のクラスに入って、本当に気の毒なことになってしまいました。もう何ともおわびのしようがありません」と、訴えていた。本当に悲しかったにちがいない。自分の非力を、これでもか、これでもかと、思い知らされたにちがいない。そんな自分が偉そうな顔をして退学勧告を突きつけ、私は正しい、お前はまちがっている、と主張しているではないか。そういう自分の矛盾した姿が本当に情けなかったにちがいない。

だが、その挫折感にうちひしがれた先生の涙の姿が、きらきら輝いて見えた。ご本人はもちろん、自分の無力さに泣いていたのであるが、そのごまかしのない素顔の輝きが、周りを明るくし、自分自身も大きく成長する方向へ踏み出させていたのである。

私は、「しかれども、自力のこころをひるがへして、他力をたのみたてまつれば、真実報土の往生をとぐるなり」という親鸞聖人の言葉を聞いた。非行の生徒を退学させてしまった、という事実は同じでも、「できるだけのことをやったのだから、これでかまわないのだ」と割りきっていく教師と、「申しわけありませんでした」と涙で見送る教師とでは物差しで測ることのできないほどの違いがあるのだ。

◆人と生まれた悲しみ

師、金子大栄先生は、「人と生まれた悲しみを知らない者は、人と生まれた喜びを知ることもない」と教えて下さった。人と生まれた悲しみを知らない者とは、自分の姿を見る眼を見失った者にちがいない。自分自身を見る眼を見失えば、自分中心に世の中がまわりだす。そこには、私は正しい、お前はまちがっている、と決めつけることはできても、周りを明るくし、自分も生かされる世界は生まれないのであろう。

ある山の中の村の生徒が、休日に家へ帰ると、おばあさんが、生きたにわとりの首をひねって料理をしていた。孫娘は「何とひどいことするの、にわとりだって生き物にかわりはないのに」と、おばあさんを責めた。するとおばあさんは、「おれだって好きでやっているんじゃない。でもこの八十年、いやもっと大昔から、この村では、こうしなければ一日だって生きてこられなかったのだ。誰だって心の中では手を合わせて殺しているのだよ」と、ポツリとつぶやいた。

生徒は作文の中に書いた。学校で『歎異抄』を勉強している私より、小学校しか出ていないおばあちゃんの方が、『歎異抄』とそっくりの生活をしている。私はおばあちゃんの話を聞いて、何にもわかっていないのは私だったということがよくわかりました、と。

にわとりの首をしめているおばあさん、その外から見ると一番残酷なことをやっているように見えるのに、実は一番人間らしい心で生きている。それにくらべて、人にいやなことをすべて押しつけて、自分はきれいごとの世界で偉そうな顔をして生きている。自分を見る眼（阿弥陀如来の本願）を見失っているのだから、救われるはずがないではないか。

真宗の教えを全国に広められた蓮如上人は「坊主という者は、大罪人なり」と教えられた。仏典を学び、人生のことは何でもわかったようなつもりで偉そうなお説教をする。「灯台もと暗し」という言葉のように、阿弥陀如来の救いを説いているご本人が、一番阿弥陀さまから遠い存在なのだ。この蓮如上人のお話を承《うけたまわ》った坊主たちは、みな困ったような顔をしたという。そのとき蓮如上人は「罪が深ければこそ、阿弥陀如来は御《お》たすけあれ」と、すかさず教えられたといわれる。

朝から晩まで、自分の欲望の満足のためにかけまわる「煩悩具足のわれら」、自分を見る眼を見失い、私が正しい、お前はまちがっている、と他人を裁き続ける「いづれの行《ぎょう》にても生死《しょうじ》をはなるることあるべからざる」生活に埋没していながら、偉そうな顔をしてたちまわる、こんな私こそ、大罪人、大悪人ではないか。

気がついてみれば、どこかに善人や悪人がいるのではない。『歎異抄』は、実に、私一人のための教えなのだ。「お前は偉い人間ではないのだ。偉い人間は、阿弥陀如来の眼で見ることができない。だから早く自分が偉い人間ではないことに気づきなさい」と、『歎異抄』は今日も力強く語りかけておられる。

（飯田女子短期大学学長）

5 この慈悲あればこそ
――歎異抄第四条――

安《やす》本《もと》一《いっ》正《しょう》

〔第四条　原文〕

慈悲に聖道《しょうどう》・浄土のかはりめあり。聖道の慈悲といふは、ものを憫《あわれ》み、かなしみ、育《はぐく》むなり。しかれども、思ふがごとく助け遂《と》ぐること極《きわ》めてありがたし。

また浄土の慈悲といふは、念仏していそぎ仏になりて、大慈大悲《だいじだいひ》

〔現代語訳〕

仏の慈悲について、自分の力で仏になる聖道門《しょうどうもん》の慈悲と、仏の力で救われる浄土門《じょうどもん》の慈悲がある。聖道門の慈悲というのは、あらゆるものをあわれみ、いつくしみ、はぐくみ育てることである。しかし現実的には、いかに不憫《ふびん》に思っても、思いどおりに助けとげることは難しいことである。

それに対して、浄土門の慈悲というのは、まず私が念仏

心《しん》をもて、思ふがごとく衆生を利《り》益《やく》するをいふべきなり。

今生《こんじやう》に、いかにいとをし不便《ふびん》と思ふとも、存知《ぞんち》のごとく助け難ければ、この慈悲始終なし。しかれば念仏申すのみぞ、末徹《すえとお》りたる大慈悲心にて候《そうろ》ふべきと、云々《うんぬん》。

を申す身となって、浄土にまいらせていただき、仏と同じ大慈悲心をおこして、思いのままに生きとし生けるものを救うことである。

この世では、どんなにあわれみをかけ、気の毒と思っても、自分の思い通りに助けとげることができないから、聖道門の慈悲は末徹《すえとお》った慈悲ということはできない。だから念仏を申す浄土門の慈悲こそが、徹底した大慈悲心であると、聖人は仰せになられた。

◆闇夜の墓地で

蟹《かに》の横ばいに似た自分の姿になぞらえて、〝蟹工房〟と名づけた漆芸のアトリエで、幾晩となく「漆芸の道を捨てるか」それとも「いっそのこと衣《ころも》を脱ぎ捨てるか」と悶々としていたある夜のことです。「よーし」と全身をゆさぶるような唸《うな》り声を発して、日展にも連続入選を続けていた私は、ものの見事に漆芸の道を捨てる決断を下しました。

それは漆芸の道に行きづまっての結末ではありませんでした。

そもそも、私が漆芸の道に足を踏み入れましたのは、出家剃髪《ていはつ》をし、一応の仏教の勉学を修めて入寺したものの、若き情熱を燃やして出家した私を待ち受けていたものが、葬式・法事のいわゆる儀式仏教のそれでしかなかったことに端を発していたのです。若気の至りではあったのでしょうが、全身をもってことにぶち当たっていくものを、どうしても儀式仏教の中に見い出すことができなかったのです。

私は、小さいながらも寺に生まれ育てられました。だから寺の後継者として、寺を継ぐべく出家得度した、と言ってしまえばそれまでですが、私にはそれ以上の因縁があったのです。

それは、私が十五歳になったばかりの春まだ浅い日に、六人の子供を残して母は永遠に帰らぬ旅路に発ってゆきました。四十二歳という若さでしたが、病には勝てませんでした。そのとき、生後七ヶ月の未だ乳を欲しがって夜毎泣き叫ぶ末っ子の妹が残されたのです。

終戦の翌年のこととて、泣き叫ぶ妹に与えてやるミルクも牛乳もないのです。ミルク代りに重湯を飲ますのですが、一時しのぎはできても、すぐまたお腹をすかして泣くのです。いつまでも泣きじゃくりながら眠りにつく妹の泣き声を耳にするとき、ポロポロと流れる涙で、枕が冷たくなった晩も幾夜あったことでしょうか。

私は何かに取り憑《つ》かれたように、そーっと床を抜けて、二月の夜の寒さも忘れ、街灯の一つもない闇に包まれた墓地へ、恐ろしいとも、こわいとも思わずに一目散に駆けてゆきました。そうして母の骨の埋められた冷たい墓石の前にたたずみ、流れる涙を左右の手で交互にこすりながら、「お母さん！　なんで死んでしもうたんなアー。死んでどこへ行ってしもうたんなアー」と、何回も、何十回も泣きながら口ずさんでいました。

その間、いろいろと紆余曲折《うよきょくせつ》はありましたが、つづまる所、私の出家はそうした闇夜の墓地で、亡き母の行方を探しに探し求め、泣きに泣いた涙が、自然と仏門へ導かれ、念仏の道に誘《いざな》われていったものでありました。それだけに、仏教に出遇《であ》い、念仏の道を知らされた私にとっては、教えられる一つ一つが、眼の前が音を立てて開かれてゆく扉のようでありました。

「国境の長いトンネルを抜けると雪国であった。夜の底が白くなった」と書き出された、有名な川端康成の『雪国』のトンネルを抜けた雪の白さの比ではありませんでした。

仏教との出遇いの感動が大きかっただけに、入寺した私を待ち受けていた、無言の儀式仏教の枠の中での日々は、私には耐えられず、その反動が、漆芸の道に足を向けさせたものになったのです。それには現在、日展作家として、また地方では県展の審査員として活躍している実弟（坂出市在住）の力添えによるものも、少なくありませんでした。

◆聖なる大地にて

漆芸の道を捨てたということは、そのまま「坊主一すじの道」を選択したことでありました。この道一すじと決めた以上は、嘴《くちばし》の黄色いことも省みず、伝道布教の真似事から、信仰雑誌の発刊、合掌運動、仏教青年会の結成等、それこそ手当たり次第でやりました。けれども、表面的な動きとは裏はらに、何かもう一つズシンと全身でうなずくことのできないものがあったのです。「よーし、インドへ行こう。とにもかくにも聖なる大地にひざまずいてこよう。きっと、聖なる大地が何かを教えてくれるにちがいない」

私の胸の裡《うち》に「インドへ行くぞ」という火が燃えました。しかし、現実的にはインドへ渡れる経済的条件は、正直言って何一つありませんでした。そこで大好物の酒を一年五ヶ月間断って、千人を越える方々からのご喜捨を頂いて、インド・ネパールの仏跡巡拝の旅に発つことができましたことは、私の幸いでありました。

西に沈む太陽を追っかけるように飛び続けるエア・インディア。飛行機の窓に顔を寄せて〝聖なるインドの大地よ。いま俺はその大地に立つのだ〟とつぶやいてみました。私をインドへ送り出して下さった多くの人たちの顔が、走馬灯のように浮かんでは消えてゆきました。

カルカッタに感激の一歩を踏み入れて以来、ブッダ・ガヤをはじめとした仏跡の旅は、そのまま、私のかけがえのない人生の生きざまを決定する方向づけの旅でもありました。ところが、ベナレスのガンジス河の沐浴場《もくよくじょう》に来たときのことです。

ベナレスはヒンズー教徒の信仰のメッカで、生涯に一度はこの聖なるガンジスの大河で沐浴をすることが、彼らの願いでもある聖地なのです。日本でも、かつてはそうでありましたように、そこには何十人という乞食が、道路の中央に一列に並んで、参詣者の誰かれに、か細い声を発しても乞いをしているのです。感激の一瞬が、インドのきびしい現実に引き戻された思いでした。それでも、ヒンズー教徒の真剣なる夜明けの沐浴風景を見ては感動し、きびしい現実を見せつけられては、インドの現実に引き戻されるという複雑な感情の交錯でした。

バスへ帰る道すがら、またもその乞食の前を通りかかったとき、ほとんど手の形の崩れたうえに、顔までが変形している一人の乞食と眼線が合いました。私は前後のことを忘れて、ただ「可哀相になアー」との思いが、カバンからほんの少しのお菓子を出して与えていました。

そのときです。間髪をはさまず、両隣りの乞食が、何か訳のわからないことを口にしかけたのと同時に、スクーッと立って私の前に手を出して来ました。おそらく「わしにもくれ」と言っているのでしょうか。顔の表情の険しさと比例して、声が段々大きくなってきました。

「しまった」

と思ったのも後の祭りです。彼らの行動が尋常ではないのです。反射的に身の危険を感じた私は、逃げの一手と決めこみ、一目散にバスへ向かって走りました。バスまでの距離はどのくらいあったでしょうか。逃げる私の背後から、二人が三人になり、三人が四人にふくれあがっているのです。息せき切ってバスにたどり着いたのはいいのですが、なんとバスのドアが非情に閉められているではありませんか。

「ドンドン、ドンドン」

力一杯ドアを叩くのですが、運転手は、あわてず騒がずの態です。やっとドアが開けられて、バスに飛び込んだときには、ほんの一メートルも離れていない距離に彼らが迫っていました。あわれみの心でお菓子を与えて、何故、身の危険を感じて逃げなければならないのか、全くもって理屈に合わぬ話です。

ヤレヤレと座席に腰を下ろして車窓を見ると、なんとしつこく、彼らが何かを叫びながら手を差し出しているではありませんか。

「わしにもくれ、少しでもいいからわしにくれ」

と哀願していたにちがいありません。私は手を差しのべている乞食とは眼線を合わさないように、静かに眼を閉じました。そのときです。私の口をついて出た言葉がありました。

慈悲に聖道《しょうどう》・浄土のかはりめあり。聖道の慈悲といふは、ものを憫《あわれ》み、かなしみ、育《はぐく》むなり。しかれども、思ふがごとく助け遂《と》ぐること極めてありがたし。

という『歎異抄』第四条のお言葉であったのです。

「あアー、なんと俺は薄ぺらなことをしたのだ。一人の乞食を喜ばすことができても、今現に追っかけて来た四、五人の乞食は、おそらく〝ここまでついて来たのに、何故わしらにだけくれないのか〟と腹立ちの心を抱いているにちがいない。目先の小さいあわれみの行為が、多くの乞食の心に怒りと腹立ちの感情を起こす結果になれば、私の行為は一体何だったんだろう」

と大きな鉄槌をくらわせられました。

◆小慈小悲もなき身

確かに、人間の心情には、あわれな情景や、不幸な状態を目の前にしたときには、同情や憐愍の情が自然と動くものです。この心情の大きさや深さに差はありましても、この心が動かない人はおりません。またその心情が直接行為となって行動に出る者と、そうでない者との違いはあっても、「何かをしてあげたい」と思うのが、ごく普通の人間感情でありましょう。

今ここで聖道の慈悲と示されていますのは、人間の持つ自然に動く感情を、浄化し、純化し、深化していって、それを悟りの岸に到るまで高めていくものをいうのであります。けれども、その心情が一時的なもので終わったり、ごく限定された場のものであったり、ある特定の人やものであれば、いかに崇高な心情であっても完成された慈悲ということはできません。

慈悲とは抜苦与楽《ばっくよらく》といわれるもので、一切に及ぶ絶対の無我愛で、普遍性と無限性を持つものでなければなりません。六波羅蜜《ろくはらみつ》の行のうち、布施の行でいわれる三空輪（三輪空寂《さんりんくうじゃく》とも）、即ち、〝私が、誰々に、何々を〟施したという思いが微塵だにもあったのでは、布施というすばらしい行為でありましても、それは虚仮《こけ》の行であり、雑毒《ぞうどく》の善であるといわれるものに似ています。

親鸞聖人は、聖道の慈悲は「ものを憫《あわれ》み、かなしみ、育《はぐく》む」すばらしい心情ではあるが、しょせん「思ふがごとく助け遂ぐること」ができなければ、末徹《すえとお》らないと言わざるを得なかったのであります。聖人はただ単に、冷たい批判眼として言っているのでは決してないのです。それは行《ぎょう》一つとってみましても、血のにじむような二十年の歳月の末「いづれの行もをよびがたき身なれば、とても地獄は一定《いちじょう》すみかぞかし」と、及び難き身を通し、地獄一定の身をひっさげてのそれでありますように、慈悲云々《うんぬん》のたった一言も、悲痛なまでも体験のほとばしりがこめられているのであります。

小慈小悲もなき身にて
有情利益《うじょうりやく》はおもふまじ
如来の願船いまさずば
苦海をいかでかわたるべき
「愚禿悲歎述懐和讃《ぐとくひたんじゅっかいわさん》」

と悲歎された、小慈小悲も無きこの身とは、観念で把握した身でも、論理をつきつめた身でもなかったのです。八十四歳のとき、わが子善鸞《ぜんらん》の義絶という、人の世の親としては耐えられない傷心と悲しみの中で、身をもっての歎きではなかったでしょうか。しかも、宗意安心《しゅういあんじん》の異なりというのですから、その心痛やいかばかりであったことでしょうか。

また遠く上野《こうずけ》の佐貫《さぬき》と、常陸《ひたち》の稲田において、あまりにも悲惨な庶民の生活を見るにつけ「雑《ぞう》行《ぎょう》を捨てて、本願に帰した」はずの聖人をして、三部経を千部読誦《どくじゅ》して衆生利益を思いたった、あの苦々しい体験は、自力執心の根強さのおののきと同時に、血気盛んな四十二歳の聖人をして、じっとしておれなかった心の動きであったにちがいありません。それは一回にとどまらず、五十九歳のときにも衆生利益への心の動きをいかんともすることができなかったのであります。

身を切られるような心の葛藤の中に、いよいよもって「念仏していそぎ仏になりて、大慈大悲心をもて、思ふがごとく衆生を利益する」ことのできる、ただ念仏して弥陀にたすけられまいらする信心への血がますます燃えたぎったことでありましょう。

だから聖人にとりましては慈悲に聖道・浄土のかわりめはなく、ただただ、

「念仏申すのみぞ、末徹《すえとお》りたる大慈悲心にて候ふべき」

と断言されたほかに、慈悲はなかったのであります。

八百年の歴史の隔たりはあっても、広島の原爆で最愛の一人娘を亡くした一人の念仏行者の赤裸々な告白は、聖人をして「いそぎ仏になりて、大慈大悲心をもて、思ふがごとく衆生を利益する」と言わしめた一言と、全く重なり合っているのであります。

稲妻とも、白銀の大閃光ともいわれた広島の原爆投下で、三秒間ではあっても投下地点の中心温度が摂氏一万一千度という高熱で、一瞬のうちにあたりは死の海と化したのであります。死者二十六万人、行方不明六万六千七百人、重軽傷者十五万六千人を数える大惨事が、阿鼻叫喚《あびきょうかん》の地獄でなくて何でありましょうか。その地獄の只中を、一人の娘の姿を探し求めて歩きさまよった念仏の行者の告白は、次の言葉で綴られています。

「私は気も狂わんばかりの思いで現場へかけつけました。手にはただ水筒に一杯の水を持ってい

ました。娘がまだ虫の息でもしているかも知れないとのはかない希望からでした。そのときのための生命の水でした。しかし、中心地では、陸も川も、死人や動けない瀕死の病人でいっぱいでした。人相も一変している何千何万と知れないその人たちの中から、自分の娘を探し出すのは、一通りの苦心ではありません。うごいている負傷者ですと、あるいはと思って顔をのぞき込んでみますが違った人です。しかし、喉の渇ききった瀕死の病人は、私の水筒を見ると、掌を合わすような眼つきで、一滴の水を乞います。私も慈悲心を出して、はじめの三人や五人には、少しずつ口に入れてやりました。けれども私の探し求めるのは、他人ではなく、私の可愛い娘です。せっかく見つかったところに、水筒が空になっていては、と気がついてから、私は急に邪見になりました。訴える眼を前にしても、一滴の水もやらないだけか、〝今水を飲んだら、体に悪いよ、がまんしなさい〟という虚偽の親切のごまかしさえして逃げ出すのでした。ただわが子のことだけで頭はいっぱいでした。娘の居所だけは探しあてましたが、すでに事切れていた娘には、欲ばったその水さえ何の役もしませんでした。おはずかしいことばかりです」

この人を誰が責めることができましょうか。こうしたきびしい体験の中で、いよいよもって、仏智照覧の下で、末徹りたる大慈悲を讃仰しつつ、ただ念仏して歩む人生のすばらしさに、今日の一日を力強く精一杯生きてゆきたいものです。

（京都華園学院名誉教授）

6　父母への孝養を超えて
――歎異抄第五条――

矢《や》田《た》了章《りょうしょう》

〔第五条　原文〕

親鸞は、父母《ぶも》の孝養《きょうよう》のためとて、一返にても念仏申したること、いまだ候《そうら》はず。

そのゆへは、一切の有情《うじょう》は、みなもて世々生々《せせしょうじょう》の父母《ぶも》兄弟なり。いづれもいづれも、この順次生《じゅんじしょう》に仏になりてたすけ候

〔現代語訳〕

親鸞は亡き父母の追善供養のためといって、一度たりとも念仏を申したことは今までにありません。

そのわけは、生きとし生けるものは、皆すべて生まれ変わり死に変わりしている間に、いつかは父母ともなり兄弟ともなってきたからです。その人たちは誰も彼も、この次浄土に生まれたときに、仏となって助けるはずであるからです。

念仏ということを、自分の力で積み上げる善行だと評価で

ふべきなり。

わがちからにてはげむ善にても候はばこそ、念仏を回向《えこう》して父母をもたすけ候はめ。ただ自力をすてて、いそぎ浄土のさとりをひらきなば、六道《ろくどう》・四生《ししょう》のあひだ、いづれの業苦《ごうく》にしづめりとも、神通方便《じんづうほうべん》をもて、まづ有縁《うえん》を度《ど》すべきなりと、云々《うんぬん》。

きるのでありますならば、その念仏を称《とな》えた功徳を振り向けて、亡き父や母を迷いの世界から助け出すこともできましょうが、念仏は自分の力で称える善根ではありませんから、それはできないことであります。ただ、自力にとらわれた心を捨てて、速やかに浄土に生まれ悟りを開いてしまえば、六《ろく》道《どう》・四生《ししょう》といわれる迷いの世界にあって、どのような業苦《ごうく》の報いの中に沈んでいるとしても、自由自在の力や手だてを用いることによって、まず因縁のある人々から救いとることができるのであります。

◆父母への孝養

親鸞は、父母《ぶも》の孝養《きょうよう》のためとて、一返にても念仏申したること、いまだ候はず。

親鸞という方は、なんと心の冷たい人なのだろう。自分を育ててくれた親の恩を忘れてしまったのだろうか。真宗のお育てにあずかった人ならともかく、日本人の大半の者は、この言葉を聞くとき、こう思うのではないでしょうか。

親鸞聖人には、親を思う心がなかったのでしょうか。人間なら皆もっている親に対する思慕の念がなかったのでしょうか。

親という字は、立っている木の横で、いつも目を離さずに見ていてくれる人のこととか。子は親から生まれながら、成長するにしたがって親から離れてゆくものでありますが、親は成長し離れてゆく子を、いつまでもどこまでも陰から見守っている。こうした親の心は、親が生きている間は、現実のさまざまなしがらみから、気づき難い場合が多いけれども、死後においては、思い出すたびにしみじみと知られてくるものなのでしょう。松尾芭蕉の、

ちちははの　しきりにこいし　雉子《きじ》の声

は、亡き父母に対する追慕の念を詠んだものであります。私たちもよく、

親孝行　したいときには　親はなし

と言いますが、これはまさしく子の親に対する共通の情なのではないでしょうか。たとえそれが親鸞聖人のように幼くしての別離であっても、いやそうであればあるほど、この思いは強いのではないでしょうか。

親が生きているうちに、せめて子供として、精一杯のことをしてあげれば良かったのにと、今は亡き親を思い出すたびに後悔するのが、人の常であります。この後悔が、せめて今からでも自

分にできることとして、冥福を祈って、立派な墓をたて、仏壇を求め、盛大な仏事を営むことになるのでしょう。これで亡き父や母はきっと喜んでくれただろう、良い追善供養ができたと、幾分かは悔恨の情を和らげることができる、これが日本人に一般的な宗教感情だと言えましょう。

このことは、八百年も昔の親鸞聖人当時と全く変わっていないと言えるようです。亡き人の冥福を祈って菩提を弔《とむら》うことが、孝養《こうよう》と考えられておりました。たとえば、『平家物語』には、一の谷の合戦で熊谷直実《くまがいなおざね》が敦盛《あつもり》の首を切るときの心境を、「人手にかけ参らせんよりは、同じく直実が手にかけ参らせて、後の御孝養こそ仕《つかまつ》り候はめ」と述べていますが、この孝養が大きな動機となって、法然上人の門下になったことは、有名な話であります。

法然上人のもとに参集した方々の中には、孝養のために念仏を称《とな》える人もいたでありましょう。しかし、親鸞聖人にとっては、父母孝養ということと、念仏とを安直に結びつけることが、どうしてもできなかったのです。

◆世々生々の父母兄弟

親鸞聖人にとって、念仏ということと、追善供養ということとは、あまりにも違う世界のことでした。多くの日本人には、簡単に結びつけることができたのに、なぜ親鸞聖人にはできなかったのでしょうか。それには二つの大きな理由がありました。

その一つは、追善供養の世界が、自分の父や母という、狭く閉ざされた人間関係においてのみ、行なわれることにありました。親を慕う心を無意味なものと否定したのではありません。念仏を、自分の肉親のみのために称《とな》えようとする自己中心的なその心が、念仏の世界とは違っているからでした。

お盆の由来となった盂蘭盆経《うらぼん》の目連尊者《もくれんそんじゃ》の話は、よく知られておりますが、目連尊者の母親が餓鬼道に堕ちた原因は、貪《むさぼ》るばかりで施すことを知らず、特にわが子かわいさから他人の子供の物を奪って与えたことでした。他人の子供はどうであろうとも、わが子だけが良ければ良いという目連尊者の母親の心は、自分の親のために念仏しようとする心と、大きな違いがあるように思うのが普通かも知れませんが、本当は同じ世界のことだと言えましょう。それはすべての生あるもののうちで、わが子、わが父、わが母と、それ以外のものを冷たく切り捨ててしまった、小さく閉ざされた自己中心的な心の世界だからなのです。

親鸞聖人は、念仏の世界について、

一切の有情《うじょう》は、みなもて世々生々《せせしょうじょう》の父母《ぶも》兄弟なり。いづれもいづれも、この順次生《じゅんじしょう》に仏になりてたすけ候ふべきなり。

と言われております。念仏の心には、あらゆる生きとし生けるものが、生まれ変わり死に変わりしているうちには、自分にとっては父となり、母となり、弟となる因縁を結んでいると映るからでした。

これは、仏教の輪廻の思想によって述べられたものでありますが、しかしこの言葉は、輪廻の思想による単なる解説ではありません。行基菩薩《ぎょうき》は、

ほろほろと　鳴く山鳥の　声聞けば
　父かとぞおもふ　母かとぞおもふ

と詠じられていますが、一切の生きとし生けるものの中に、行基菩薩の実感として、父や母の姿を見い出されておられます。この「世々生々の父母兄弟なり」とは、行基菩薩と同じように親鸞聖人が、実感として受けとめられた言葉だと言えましょう。

この「父母兄弟」ということについて考えるときに、どうしても思い浮かぶ文があります。親鸞聖人は『教行信証』の信巻に涅槃経を引用されていますが、その中にある、

慚愧《ざんぎ》有るが故に、すなわち能く父母《ぶも》・師長を恭敬《くぎょう》す。慚愧有るが故に、父母・兄弟・姉妹有ることを説く。

という文です。慚愧とは、自己の内に対しても外に対しても恥ずかしく思うことですが、この心

があるから、父母や師長に対して、つつしみ敬う心がおき、また慚愧の心があるから、父母・兄弟・姉妹とのまことのかかわりが生まれる、真実の父母・兄弟・姉妹が生まれるのであると説かれています。私には、この文と「世々生々の父母兄弟なり」とが、どうしても結びついてしまうのです。親鸞聖人の「世々生々の父母兄弟なり」というお言葉は、この慚愧の心において言われたものなのではないでしょうか。

親鸞聖人において、慚愧とは如来の光に照らし出されて、はじめて知られてくる心でありました。如来の救いの手の中にありながら、それに背きつつある自己自身に対するいたみの言葉と言えましょう。もっと言えば、慚愧する心すらない、地獄は一定《いちじょう》という徹底した自己否定の心、即ち機《き》の深信《じんしん》であります。今までさまざまなベールに包まれて気づかなかった自分の本性が、あらわになるときにいだく心です。『唯信鈔文意《ゆいしんしょうもんい》』には、

いまのよを如来のみのりに末法悪世とさだめたまへるゆへは、一切有情《うじょう》まことのこころなくして、師長を軽慢《きょうまん》し、父母に孝せず、朋友に信なくして、悪をのみこのむ……。

と、私たちの本性を教えて下さっております。私たちは日頃、先生や目上の人を侮ったり、親不孝しているなどとは、なかなか思えません。しかし、親鸞聖人は如来の光に照らし出された自分の本性が、実は「師長を軽慢し、父母に孝せず」であることを知らされました。師長よりも父母

よりも、最も大切でかわいいのは自分であると、それが人間の本性であると……。どのように、うわべは師長を尊敬し、親孝行らしく振る舞っていても、その本性はそのごとくではないことを知らされたのでした。しかしそこでは、わが心よし、わが思いよしとする根拠がすべて、如来の光によって照破されてしまいます。

この心において、はじめて一切有情が父母兄弟として領解されるのでした。自己中心的に小さく閉じこもろうとする心が、如来の光によってすべて打ち砕かれ、一切のものの中に開かれてゆくところに、一切のものによって自己が生かされていると知られてくるところに、「一切の有情は、みなもて世《せ》々生々《せしょうじょう》の父母《ぶも》兄弟なり」という親鸞聖人のお言葉があると言えましょう。そこに、念仏の世界がありました。自分のありようが振り返られることもなく、自己中心的な生き方が是《ぜ》とされたまま、わが父母以外は冷たく切り捨ててしまう追善供養の世界とは、全く異なった世界だと言えましょう。

◆他力の念仏

親鸞聖人が、父母への追善供養のために、お念仏を称えなかったもう一つの理由は、

わがちからにてはげむ善にても候はばこそ、念仏を回向《えこう》して父母をもたすけ候はめ。

と言われているように、念仏は如来より回向されたものであって、自分のはからいで造る行《ぎょう》でも、善根でもなかったからです。

ところが、追善供養のために称える念仏は、如来よりめぐまれた念仏を、自分の力ではげむ行であり善根であると、単なる人間の行為と受けとめてしまったものです。この心においては、自分の称える念仏の多少が、追善の功徳の多少につながるため、自分にできる限りの善根を行なおうと懸命になるのです。亡き親のために、自分のもてるすべての力を出して追善を行なっている姿を見て、多くの人は立派な行為と讃えるでしょうし、その追善を行なっている本人自身も、良い供養ができた、これで親も草葉の陰から喜んでくれることだろうと、満ち足りた心に浸ることができるでしょうが、それは自己満足しているだけのことであり、如来の心よりすれば、慢心と言われるものなのです。本人にとっては満ち足りたという思いがあるかも知れませんが、『高僧和讃』に、

仏号むねと修《しゅ》すれども
現世《げんぜ》をいのる行者をば
これも雑修《ざっしゅ》となづけてぞ
千中無一《せんちゅうむいち》ときらはるる

とあるように、それは雑修と呼ばれて、どれほどの役に立つものではありません。聖人はこのような心について、

凡《およ》そ大小聖人《しょうにん》、一切の善人、本願の嘉号《かごう》をもって、己《おの》れが善根とするが故に、信を生ずることあたわず、仏智をさとらず。（『教行信証』）

と述べておられます。如来より回向せられる念仏を、自分の力、はからいで行なう善根と思って、追善供養の自己満足をしている者には、如来の心をいただいて、生き生きとした人生をおくることはできません。

どこに問題があるのでしょうか。

それは如来より回向せられる念仏を、「父母への孝養のため」という目的を成就するための手段にしているからです。私たちの日常生活では、目的をもち、それを達成するためには、どういう手段が有効かを考えて日夜懸命に努力します。これがごくあたりまえの生き方です。この日常生活であたりまえの発想を、宗教の世界に持ち込んだのが、追善供養のために念仏を称えるということなのです。ですから、宗教を信ずることなく生きている世間一般の人々には、さほど誤ったこととは思えません。むしろ立派な行為と映るのです。

追善供養のために称える念仏だけが問題なのではありません。如来より賜わった念仏を、

「……のため」に称えようとすることが、そもそも問題なのです。親のため、子のため、社会のため、国のため、人類のため等々、その目的はどのように立派で、うるわしい人類愛の発露と思えるものであっても、その目的を成就するための手段として、念仏を称えるのであれば、追善供養のために称える念仏と同じことになってしまいます。それらはみな、自分の願いを成就するために念仏の力をかりようとしているのです。

「……のため」に称える念仏の底には、なかなか気づきにくいことではありますが、如来の力をかりてご利益を得ようとする人間の打算があります。自己の利害損得をはからう心が根本となっておりクます。もっといえば、煩悩を充足しようとする心が、その心中深くひそんでおります。

このような心を、『一念多念文意《もんい》』には、

自力というは、わがみをたのみ、わがこころをたのむ、わがちからをはげみ、わがさまざまの善根をたのむひとなり。

といわれるように自力といいます。「わがみをたのみ、わがこころをたのむ……」とは、自分にそなわった能力や知識に依拠して、真実という目的に到ろうとすることです。これはまさしく、「……のため」の念仏の世界であります。

親鸞聖人が、越後での流罪生活から解放されて、関東の地へ向かう途中、佐貫《さぬき》というところで、農民の生活がよほど逼迫《ひっぱく》していたのでしょうか、「衆生利益《りやく》のため」と農民たちの幸福を願って、三部経の千部読誦《どくじゅ》を発願したことがありました。しかし四、五日ほどして中止してしまいました。それは念仏の世界を自ら信じるとともに、それを人に教えて伝えてゆくことこそ、自分のとるべき道だと思い返したからでした。「衆生利益のため」という、いかにも素晴らしい人間愛にあふれた目的であっても、念仏をその目的達成の手段に転落させてしまってはならないと確信したからでした。

親鸞聖人のすすめられた念仏とは、決して人間のはからいの心ではありません。煩悩の手先としてはたらくものではありません。蓮如上人が、

他宗には、親のため、また何のためなんどとて、念仏をつかうなり。聖人の御流には、弥陀をたのむが念仏なり。そのうえの称名は、なにともあれ、仏恩になるものなり。

と言われるのも、このことを明かされたものでしょう。

聖人の念仏の世界とは、他力のことでありました。それは私たちの「わがみをたのみ、わがこころをたのむ」というはからいの心からは開けてきません。利害損得をはからうその心を根本にすえた生き方が、全く根拠を失うことによってのみ開かれるものなのです。

ともかくも、行者のはからひを、ちりばかりもあるべからず候へばこそ、他力と申すことに

て候へ。（『末灯鈔《まっとうしょう》』）

ここにある他力の念仏とは、「……のために」称えるものではなく、私のはからいを超えて、如来に自分のすべてを托して生きる生き方がめぐまれたことに対する報恩感謝の表現であるとも言えましょう。

それは、今まで全く気づかなかったことですが、自分の力で生きていたのではなく、生きとし生けるものの中に、生かされていた私に気づくことであります。そこでは、肉親の父母のみが問題となるのではなく、父母に対する思慕の念はありながらも、生きとし生けるものはみな同じ生命をもつものであり、その中で育《はぐく》まれつつある私が知らされるのであります。

親鸞聖人は、父母孝養のための念仏ということを通して、まことの念仏の世界とは、自己の本性を気づかし、そこにある自己のはからいが、人生において究極的な根拠とはなり得ないことを明らかにして、真に生き生きとした生命を、私たちによみがえらせてくれるものであることを、知らせようとされたのではないでしょうか。

（龍谷大学教授）

7　弟子一人ももたず
——歎異抄第六条——

大《おお》谷《たに》義《よし》博《ひろ》

〔第六条　原文〕

専修《せんじゅ》念仏のともがらの、わが弟子、ひとの弟子といふ相論《そうろん》の候《そうろ》ふらんこと、もてのほかの子細《しさい》なり。

親鸞は弟子一人《いちにん》ももたず候ふ。そのゆへは、わがはからひにて、ひとに念仏を申させ候《そうら》はばこそ、弟子にても候はめ、ひとへに弥陀の御もよほしにあ

〔現代語訳〕

念仏一すじに生きる同朋《ひとびと》の間に「これは自分の弟子である、あれは他人《ひと》の弟子である」という争いがあると聞きますが、もってのほかのことです。

親鸞は、弟子一人ももっておりません。そのわけは、自分の力やはからいで、ひとに念仏を称《とな》えさせるのであるならば、弟子であるということもできましょうが、全く阿弥陀のはたらきにうながされて、念仏申してい

づかて、念仏申し候ふひとを、わが弟子と申すこと、極《きわ》めたる荒涼のことなり。

つくべき縁あればともなひ、はなるべき縁あれば、はなるることのあるをも、師をそむきて、ひとにつれて念仏すれば、往生すべからざるものなりなんどいふこと、不可説《ふかせつ》なり。如来よりたまはりたる信心を、わがものがほに、とりかへさんと申すにや。かへすがへすもあるべからざることなり。

自然《じねん》のことはりにあひかなはば、仏恩をもしり、また師の恩をもしるべきなりと、云々《うんぬん》。

る人々を、自分の弟子であるというのは、とんでもないことです。

結ばれるべき縁にあえば連れだち、離れるべき縁にあえば別れるという、すべては縁による交わりでありますものを、「この師に背いて、他の人について念仏したのでは、決して阿弥陀の世界へ生まれることはできないはずである」などと言うことは、言語道断のことです。それは阿弥陀如来から賜《たま》わった信心を、自分のものであるかのように、取り返そうというのでありましょうか。このようなことは決してあってはならないことです。

阿弥陀の本願のはたらきである、自然《じねん》の道理にかなうならば、おのずから仏のご恩の有難さも知られるはずです、と聖人は教えて下さいました。

◆人生の師

第六条は「親鸞は弟子一人《いちにん》ももたず候《そうろ》ふ」という有名なお言葉のある条です。

多くの門弟たちと深いご縁を結んでおられる親鸞聖人が、なぜそのようなことをあえて言われているのでしょうか。

教えを乞うて門をたたく人があるかぎり、お師匠さまの弟子となることは、あたりまえの道のように思われます。

以前に、この条を話し合うことがあったとき、誰かが「ここは少し無理があるのではないか」と首をかしげていましたが、ひとしく仏さまの教えをいただくともがらの一人として親鸞聖人がそこにおられるのはわかる、しかし現実には、聖人から教えを乞うために集まってきている門弟があるではないか、というわけです。

世間的な常識からすると、入門するからにはみんな師匠になれる道を一段々々登りつめ、修行を積み、名取りを目指しています。「横綱にならない平幕になる力士募集中、〇〇部屋」などという看板でも出そうものなら、バカにするにもほどがあると怒られるか、無視されてしまうのがおちでしょう。

すべて、平幕が横綱になる道、子分が親分になる道、弟子が名取りになる出世の社会です。こういう中で、ことさら浄土真宗が、「弟子の道」であると、いくら力んでみても、やせがまんに聞こえるか、あるいは封建制の強い家元制度のあわれな道ぐらいにしか受けとられないのかもしれません。

誰でもなれる可能性をふくむ「師の道」は、そう簡単に誰でもなれないエリートの道になってしまうのですが、それだけに、師になりたい欲求は根深いものがあります。

こうした誰にもひそむ人間の欲求が根こそぎくつがえされるような、師になる必要のない、弟子の道をひたすら歩み続けられたのが親鸞聖人であります。

情けない道でもなく、あわれな道でもない、生き生きとした人間の独立宣言が、法然上人との出遇《であ》いによって高らかにかかげられてくるのです。

本師源空いまさずは
このたびむなしくすぎなまし

と感激をこめてご和讃にしておられますように、もし、お師匠法然上人に出遇うことがなかったならば、迷い苦しんでしまうわれわれは永遠に、たすかっていく念仏の教えをいただくことはなかったであろうと、謝《しゃ》しても謝し尽くせぬ恩徳をお師匠さまに報じていかれたのです。

ときには、勢至《せいし》菩薩と仰がれ、あるいは阿弥陀如来の化身とも敬《うやま》わずにはおられなかった親鸞聖人のお心をいただかずにはおれません。

よく「私の恩師」という言葉を耳にしますが、そのほとんどはアルバムの中の想い出の所にのみ浮かんでくる先生が多いのではないでしょうか。今、親鸞聖人が恩師と仰がれている法然上人は、そういった想い出の人ではありません。それは、つねにあらたに親鸞聖人を念仏の教えに立ち返らせて下さる人生の師のことであります。

これは、師から弟子に注がれてくる温情のようにも思われますが、そうではないのです。弟子が想い出の先生としてアルバムの中に閉じ込めないで、つねに先生の教えに立ち返って、ただいまのわが身を問うていく師とすることであって、生かすも殺すも弟子側にあるといってよいと思います。

しかしながら、先生の教えを知らず知らずのうちに私有化して弟子が先生の座に着くことは、世間ではこれを出世と見ても、師を通して仏道を聞くともがらというかぎり、師を殺し、仏の教えに遇《あ》えない人ということになってしまうのではないでしょうか。

◆人師をこのむ

では、親鸞聖人がお師匠法然上人から、どういうように教えをいただかれたのでしょうか。これが、きわめて単純明快といいましょうか、

ただ念仏して弥陀にたすけられまひらすべしと、よきひとの仰せをかぶりて、信ずるほかに別の子細《しさい》なきなり。（第二条）

これだけなのです。しかし、別の子細があれこれと出てきて、信心がはっきりしなくなるといいますか、濁《にご》ってくる問題が、弟子をもつとか師匠になってしまうところで問い直されてくるのが、この条の問題かと思われます。

確かに親鸞聖人は、いくら弟子をもたないと言われても、多くの門弟からはお師匠さまとして仰がれています。

そこに、如来より賜わりたる信心を厳密に確かめていかれる親鸞聖人にとっては、師にならないお立場その全体が師の立場となって現われていくからでしょう。弟子の道を越えてしまうところに、信心の濁りを教えに立ち返っては、明らかにせずにはおれない苦闘が最後まで続いているようです。

親鸞聖人は八十八歳の米寿を迎えられてからも、なおかつ、
名利《みょうり》に人師《にんし》をこのむなり
と、悲歎、告白しています。たびかさねて「親鸞は弟子一人ももたず候ふ」と確かめていかれる底に、師匠になることを好む根深い執着心がいつまでたっても消えぬまま残っていることの悲歎なのでしょう。

◆師匠の無形文化財化

あるとき、常陸《ひたち》の国の信楽《しんぎょう》坊というお弟子が、法文《ほうもん》のことで、親鸞聖人と論争されたことがありました。信楽坊は相当頭のきれる方であったのか、どうしても自説をまげられなかったようです。そのために、親鸞聖人が勘当ともとれるお叱りをなさったのでしょう。信楽坊は国に帰ることになりました。

以後、弟子と縁が切れるときは師匠自筆の名号《みょうごう》や署名入りの数々のお聖教《しょうぎょう》を取り返しておくべきだと、蓮位坊という弟子が親鸞聖人に上申しています。

ひとことひとことに切り返しては反論する信楽坊のことを、そばでじっと聞いておられた蓮位坊の腹のにえくりかえるような気持が、親鸞聖人に伝わらないはずはないのです。むしろ、誰よ

りも痛いほどよくおわかりになっていたにちがいありません。

それほどに師として慕ってくれている蓮位坊、かたやまた逆に、師ゆえに身体をはってまで反論してくる信楽坊……どちらも門弟にとってご自身は師匠以外に何ものでもないことを、二人の門弟を縁としてハッと気づかれたのではないでしょうか。

このとき、法然上人の仰せに立ち返っては「親鸞は弟子一人ももたず候ふ」と門弟に語られる形をとって、ご自身にうなずいていかれたのではないかと思います。

そしてさらに、ご名号、お聖教は迷い苦しむわれわれを救って下さる如来さまからのご方便としての賜わりもの、それをあたかも私の宝物のごとくに取り返すなどとんでもないことで、「まったく、親鸞がさずけたにあらず」と強い調子できっぱり言いきられておられます。

この強い語気の裏に、われわれがお師匠に箱書きを求め値をつり上げてはこっそり楽しむ心理がありますが、そういう心理にどこかで応えてきたのではないかという、師匠意識をまたしても見てしまわれたのではないかと思われてなりません。

門弟に渡されるお聖教に、いちいちご署名されるそのときの意識の中にひそんでいる師匠意識、それが門弟の意識の上に出てくるものなのです。

名が売れることによって、弟子がお師匠に箱書きを求め飾りものに変えていく、このことを通してお師匠さまを無形文化財にしてしまう、こうした魂のぬけがらみたいなところで師弟のかかわりが存在してしまいやすいものです。ご署名ということを通して師の立場が出てきますと、「弟子一人ももたず」という弟子の歩みは、またしても師の道に変わってしまう悲歎となるのでしょう。折にふれて見え隠れしてやまぬ「名利に人師をこのむ」執着心であります。

◆信心のたじろぎ

教えを受ける門弟たちとの間では「親鸞は弟子一人ももたず候ふ」と言いきって、信心を確かめ、あくまでも弟子としての道を生ききっていかれる親鸞聖人ですが、弟子の道も、お師匠法然上人の姿も見失うような師の道に立ってしまわれる危機はかぎりなく出てくるものです。最もお困りになったのではないかと思われるのが、京の都で再会された関東のお同行《どうぎょう》たちとの劇的な感動のできごとではないかと思うのです。

親鸞聖人が関東から京の都に帰られてから、確かであったはずの信心がゆらぐ問題をかかえ、いのちがけで十余ヶ国の境を越えて親鸞聖人を尋ねて来られた関東の同行たち、中には途中で生死のあやぶまれる病人も出てくる始末。しかし一歩でもお師匠さまに近づいて往生を遂げたいという、まさにいのちがけの長旅です。

今日、こうしたいのちがけの旅は世界中どこにも見られなくなっていますが、親鸞聖人とお同行の再会は、中国の残留孤児と肉親との劇的な再会にも似て、涙と涙の出遇いとなったのではないでしょうか。

　このことが、いよいよ師弟のきずなを今まで以上に強くしたのです。意識にのぼる以前に、すでに師であることの決定がなされているようなものです。

　信心のたじろぐ問題は、関東の門弟たちだけではなく、親鸞聖人ご自身が劇的な再会という感激の中で信心のたじろぐ危機をかかえこんでいかれ、そのことを通して改めて法然上人の仰せを深くいただいていかれているように感じられるのです。

　第二条は、とくに言葉を選び、注意を払って信心を確かめておられます。中でも、子弟の長い旅路をねぎらうような師匠の立場は一切なく、子弟を御同朋《どうぼう》、御同行とかしずかれるようにして、「身命をかへりみずして、たづねきたらしめたまふ御こころざし」と最高の尊敬語をもって敬いお迎えしているところにもうかがわれます。

　さらに、「親鸞は弟子一人ももたず候ふ」と、改めて確かめておかなくては、この場を通り過ごせない大事なことでありながら、寝食を共にしている道場での子弟とは違う感情が全体を包んでいるはずです。どうしても「弟子一人ももたず」と言いきれない雰囲気の中で、親鸞にをきては、ただ念仏して弥陀にたすけられまひらすべしと、よきひとの仰せをかぶりて、信ずるほかに別の子細なきなり。

と、お師匠法然上人のお言葉におきかえ、その仰せをそのままいただいて、あとは「面々の御はからひなり」とつきはなされていかれるのです。

しかしながら、冷たくつきはなされてしまわれるのではなく、そう語られる裏付けを「弥陀の本願まことにおはしまさば」とお述べになって、善導・法然・親鸞と仏弟子の伝統の中に念仏の教えを明らかにして下さっているのです。親鸞聖人の、ほのぼのとただよう暖かさを思わずにはおれません。

それにしても、徹底して教えをこうむっていかれる親鸞聖人のきびしい歩みがうかがわれますが、これこそ教法から照らし出されてくる一点のくもりもない信心の内景にちがいないのです。

◆もとどりを切れ

これほどまでに、師にならない、師になれない親鸞聖人の厳密な確かめは、何回も引用しますように「ただ、念仏して……」の法然上人の仰せ一つに立ち返られ、念仏をいただいて立ち上がっていかれる弟子の道であります。が、もう一つその底に「善き人にも、悪しき人にも、同じように、生死出《しょうじ》づべきみち」つまり、一切の人々のたすかっていく道をいのちがけで求められ、法然上人のもとで聞法し続けられた若き時代の親鸞聖人が、あるときお師匠さまから手きびしいお叱りを受けられたことがあります。

表向きは直接、親鸞聖人ではなく、聖人のご紹介で三年間法然上人のもとで学ばれた弟子・聖《しょう》光坊《こうぼう》という方です。初め、負けた方が弟子になる申し合わせで法然上人に問答をつきつけたいきさつをもっている弟子です。彼は弟子となって三年間、お師匠さまの仰せ一字一句を聞きもらすまいと学びとり、本国恋慕の思いで、いとまをもらうことになるのですが、山門を出ていこうとする聖光坊に法然上人は「もとどりを切らないでゆくのか」と、思いもよらないことを言われます。

聖光坊は不審に思い「もとどりを切り出家して久しいが、それはまた、どういう仰せでございましょうか」とたずねられたとき、法然上人は、「法師には、みつのもとどりあり、いわゆる勝他、利養、名聞《みょうもん》、これなり」と言われました。ここで学んだことを武器に論争しては、他人に勝ち誇り、それによってすぐれた学者と言われ、世に名を売っていく著名人となり、そのことが信者の増えるゆたかな教団に発展し、世渡り上手な僧になっていく。この三つのもとどりを剃り捨てないかぎり、法師とは言えないのだと、とどめをさされたのです。

息の根をとめられたような聖光坊は、懺悔して法語・聖教《しょうぎょう》すべて焼き捨てましたが、焼き捨ててなお残る三つのもとどりこそ問題だと鋭いまなこが光るのでした。

おそばにおられた親鸞聖人はご自身のこととして受けとめられなかったはずはありません。足、腰のたたなくなるほどのショックを通して、勝他・利養・名聞から一歩も出られぬ自己の内側を気づいていかれ、法の師になれぬご自分に出遇っていかれたのではないでしょうか。

たえず勝他・利養・名聞のもとどりに振り回わされ、知らず知らずのうちに師の席に坐ってしまう身が法の前にあらわになることこそ、いよいよ念仏の教えを聞く大きなご縁となることがさとされているようです。

親鸞聖人が生涯「弟子一人ももたず」と厳密に確かめられながら、如来より賜わる信心を徹底して明らかにしていかれる歩みこそ、「専修念仏のともがら」と言われる教団の生命であり、私たちのスローガンとしている「深きいのちにめざめ、一切を拝める人」となって立ち上がっていく念仏者の道ではないかと、この条から導かれるのであります。

（真宗仏光寺派宗務総長）

8　念仏者は無碍《むげ》の一道《いちどう》なり
――歎異抄第七・八条――

安《やす》冨《とみ》信《しん》哉《や》

〔第七条　原文〕

念仏者は無碍《むげ》の一道なり。そのいはれいかんとならば、信心の行者には天神《てんじん》・地祇《じぎ》も敬伏《きょうぶく》し、魔界・外道《げどう》も障碍《しょうげ》することなし。罪悪も業報《ごうほう》を感ずることあたはず、諸善もをよぶことなきゆへに無碍の一道なりと、

〔現代語訳〕

念仏は、いかなる障害によっても障《さまた》げられない自由への道であります。その訳はこうです。念仏の信を歩む人には、天の神・地の神もその前にひれ伏し、悪魔であろうが、邪見の持ち主であろうが、そういう者がその人の前をはばむことはありません。またいかに深い悪業《あくごう》の報いも、念仏の行者に及ぶことはなく、いかなる善といえども、この念仏の善にとうてい及びません。だから念仏は、何ものにも障げられない自

一　由への道なのであります。

云々《うんぬん》。

◆自由への道

『歎異抄』から受ける印象の一つは、そこに、何らの律法的なことも説かれていないことである。『歎異抄』は、律法的態度や賢善精進《けんぜんしょうじん》の相を示す者を偽善者としてきびしく退《しりぞ》け、徹底した自由の中に人間を置こうとする。

『歎異抄』は、中世・近世を通して「禁書」に等しいような扱いを受けてきたが、それは『歎異抄』の思想、すなわち親鸞の思想が、封建制社会の倫理を破るような内容を含んでいたからにほかならない。近代、自由主義的風潮が広まるにつれて、『歎異抄』が高く評価されるようになったのは事実であるが、真実に『歎異抄』的世界に生きようとする自由奔放な人々が、しばしば世間から「道徳破壊」の烙印を押されたことも事実である。

このように『歎異抄』は、自由の空気に包まれている。各条各条は、見方によれば、念仏者の自由を謳《うた》っているとも読める。が、とくにこの第七条は、念仏が自由への道であることを最も明快に述べた一条である。そしてこの言葉の通り、親鸞は、あらゆる他律的なもの、権力・道徳・因習・呪術・禁忌という、自己を束縛するものから解放されて生きた人であった。

ここに道あり、汝の解放される道あり——第七条はこんなことを語りかけているように見える。不安・愚痴・嫉妬・恐怖・差別・劣等感・抑圧……の中に心身を閉塞《へいそく》している私たちは、第七条の言葉にどれほど勇気を与えられることであろうか。

「念仏者は無碍《むげ》の一道《いちどう》なり」。親鸞は、念仏を「無碍の一道なり」と端的に表白する。この個処は、『歎異抄』全体の中でも最も力強く、印象的である。「無碍」、この二字が第七条の字眼である。

光雲無碍如虚空《こううんむげにょこくう》
　一切の有碍《うげ》にさわりなし
光沢《こうたく》かぶらぬものぞなき
難思議《なんじぎ》を帰命《きみょう》せよ
（「浄土和讃」讃阿弥陀仏偈《げ》和讃）

太陽は、何ものにも碍《さ》えられず、ひとり自らを燃やしながら宇宙を運行する。その光は万物を照らし、温め、育《はぐく》む。この太陽の光に阿弥陀仏の光明は喩《たと》えられる。阿弥陀仏の慈悲は、衆生のあらゆる碍《さわ》り（有碍）を全く見ることはない。

「無碍といふは、さわることなしとなり。さわることなしと申すは、衆生の煩悩悪業にさへられざるなり」（『尊号真像銘文《めいもん》』）。親鸞は、無碍の意味をこのように釈している。換言すれば、阿弥陀仏の光明は、いつでも・どこでも・誰の上にも、透流するということになるであろう。ここに阿弥陀仏の救済の無条件性がある。それゆえに、この仏は、「尽十方無碍光如来《じんじっぽうむげこうにょらい》」と讃えられるのである。

◆念仏の功徳

それでは、衆生は、その如来の光明にどこで出会うことができるのであろうか。衆生が光に出会う最も具体的な場。それが名号である。仏の御名《みな》を念じ、称《とな》える者は、そのまま仏の無碍なる功徳をわが身に賜《たま》わる。

楽邦文類《らくほうもんるい》に云《い》わく。宗釈禅師《しゅうしゃくぜんじ》（宗暁《しゅうぎょう》）の云《い》わく。「還丹《かんたん》の一粒は鉄《くろがね》を変じて金《こがね》と成す。真理の一言は悪業《ごう》を転じて善業と成す」と。（『教行信証』行巻）

「真理を知れ、真理は汝に自由を得さすべし」（『ヨハネ』八―三二）。聖書の一節である。では真理は私の上にどのように到来するか。親鸞においては、仏の名号が私の上に立ち現われた「真理の一言」にほかならなかった。

「そのいはれいかんとならば、信心の行者には天神《てんじん》・地祇《じぎ》も敬伏《きょうぶく》し、魔界・外道《げどう》も障碍《しょうげ》することなし」。この「念仏」（法）の教えを歩む「信心の行者」（機）は、そのままあらゆる束縛から解放される。天神・地祇、魔界・外道は、私たちの精神生活の底辺の闇の中に乱舞する、何かしら得体《えたい》の知れないものであろう。これを一言で「鬼神《きじん》」と名づけることができるのではなかろうか。

天神地祇《てんじんじぎ》はことごとく
善鬼神《ぜんきじん》となづけたり
これらの善神《ぜんじん》みなともに
念仏のひとをまもるなり

願力不思議の信心は
大菩提心《だいぼだいしん》なりければ
天地にみてる悪鬼神《あっきじん》
みなことごとくおそるなり

（「浄土和讃」現世利益和讃）

とりわけ疫癘《えきれい》・天災・星の異変など、暗く恐るべき闇の力に対して、中世人が鬼神の支配を実感し、罪福信仰に生きたのは、やむをえぬことである。「信心の行者」は、この鬼神の呪縛《じゅばく》への畏怖《いふ》から、全く自由である、と親鸞は力強く断言する。この言葉は、そのまま私を縛《しば》りつける一切の外なる力からの解放を告げるものである。

『菩薩戒経《ぼさつかいきょう》』に言《のたま》わく、出家の人の法は、国王に向かいて礼拝《らいはい》せず、父母《ぶも》に向かいて礼拝せず、六親に務《つか》えず、鬼神《きじん》を礼《らい》せず、と。（『教行信証』化身土巻末巻）

元来、仏陀の弟子となるとは、このような自由な境位を生きることであった。しかし日本の仏教は、このような自由な精神を育んだであろうか。この意味で、法然・親鸞によって明らかにされた念仏の法門は、仏教がその歴史上に切り拓いた最も自由な地平である。

「罪悪も業報《ごうほう》を感ずることあたはず、諸善もをよぶことなきゆへに無碍の一道なり」。「信心の行者」は、無碍の生活を生きる。無碍とは、自分の前に立ちはだかるものが何もないということである。したがっていかなる罪悪にあっても、彼はその業報を思い悩まず、念仏以外にいかなる善も見ない。

といっても、それは、罪悪・諸善を邪魔物として踏み倒すのではない。罪悪・諸善が有碍にならないということである。罪悪・諸善の強迫観念から自由であるということである。「いかなる罪悪も、如来の前には毫《すこし》も障《さわ》りにはならぬ」（清沢満之『我が信念』）。それゆえ「信心の行者」は、善悪邪正などの対立的観念から解脱した自由境に生きてゆけるのである。

『経』（華厳経）に言《のたま》わく、「十方無碍人、一道より生死《しょうじ》を出《い》でたまえり」。「一道」は一無碍道なり。「無碍」は、いわく、生死《しょうじ》すなわちこれ涅槃《ねはん》なりと知るなり。かくの如き等の入不《にゅうふ》二《に》の法門は無碍の相なり。（『浄土論註』巻下）

親鸞は、『教行信証』行巻の他力を解釈するところで、右の曇鸞《どんらん》の言葉を引用している。「無碍道」とは、生死すなわち涅槃なり、と自覚することである。仏は、まさにそのような境涯を生きる故に無碍人といわれる。したがって仏道とは是非・善悪の相対的価値観にしばられて、差別（分別）の眼で物事を見る、凡夫のはからいを離れた自由の道、いわゆる「入不二《にゅうふに》の法門」である。親鸞は、「信心の行者」は、入不二の法門、絶対無碍の自覚道を歩むと確信していた。

◆「念仏者」の意味

ここで従来論議の多い第七条冒頭の一句についてひとこと申し添えておかなければならない。文字に従ってみれば、「念仏の行者は」（主語）「無碍の一道なり」（述語）というように読めるのであるが、そうすると人間＝道となって文法上きわめて不自然なことになる。そのことから「者」の一字をめぐって、諸説が展開されてきた。これは、思想上の問題であると同時に翻訳上の問題であるので、私たちは、この問題を素通りして、第七条を読むことはできないであろう。

この「者」について、一応二説を見ることができる。

a　「者」を「人」に解する説

・「念仏者は無碍の一道にあり、念仏者は無碍の一道をゆく」（金子大栄師『歎異抄聞思録』）

・「念仏者は、無碍の大道を行く人である、否《いな》無碍の大道そのままである」（暁烏《あけがらす》敏《はや》師『歎異抄講話』）

・「念仏者とは念仏する者、すなはち〈人〉である」（藤秀璻師『歎異鈔講讃』）

b　「者」を「は」に解する説

・「この〈者〉は助字であって、〈念仏者は〉の〈は〉は、〈者〉を〈は〉と読む意味で、添えた送り仮名である」（多屋頼俊師『歎異抄新註』）

・「念仏者とは、念仏するものではなく、念仏なるものの意味である。〈者〉は実字ではなく虚字である」（曽我量深師『歎異抄聴記』）

以上は、諸賢の説の一斑にすぎないが、一体どう読むのが正しいのであろうか。a説のように、もし「念仏者」を「念仏の行者」と解せば、述語は、「一道（を歩むもの）なり」と補って読まなければならない。そこにいささか不自然さが生じる。しかし次の一節が「信心の行者には」と続くことを考えれば、「者」を「人」と解することは必ずしも不当ではない。

b説は、とくに国文学者の多屋頼俊師の主張するところでもあるだけに、説得力がある。この場合、「念仏者は」の「は」は、その上の「者」を「は」と読むことを示すための捨て仮名ということになる。一方、曽我師の場合は、「者」の方を捨て字としている。いずれにしても、b説に従えば、「ねむぶちしや」の振り仮名（龍谷大学図書館本、大谷大学本〈端坊別本〉）は、誤まった訓《よ》みくせであるということになろう。確かにこのように解せば、文章としては通りがよい。しかし『歎異抄』の本文――前序と奥書を除いて――の中で、「者」を「は」の意味で訓む例は他に見当たらない。このことも無視できぬように思われる。

私は、今のところ、a説、b説のいずれが正しいか決着する正当な根拠を持ち合わせていない。ただ文法上の慣例もさることながら、親鸞における「無碍」の用語例が、「法」（如来）の異名であり、「機」（衆生）につくことがない点からみて、「念仏者《は》無碍の一道なり」と読んでおこうと思う。

〔第八条　原文〕

念仏は行者《ぎょうじゃ》のために、非行非善《ひぎょうひぜん》

〔現代語訳〕

念仏は、これを称《とな》える行者からすれば、行でも善でもありません。私のはからいで行なう行ではございませんから非行と申します。私のはからいで行なう善ではありませんから非善と申します。ひとえにこれは、阿弥陀如来の他力回向《たりきえこう》の催《もよお》しによるものであり、自力を離れた行であります。だから行者からすれば、行でも善でもないのです。

なり。わがはからひにて行ずるにあらざれば、非行といふ。わがはからひにてつくる善にもあらざれば、非善といふ。ひとへに他力にして、自力をはなれたるゆへに、行者のためには非行非善なりと、云々。

◆念仏とは何か

『歎異抄』の一貫した主題は、「念仏」に尽きる。『歎異抄』は、要するに念仏の教えについて述べた書である。したがって各条ごとに、少なくとも一回は「念仏」という語が出てくる。この語が見えないのは、第三条、第十五条、第十七条ぐらいである。ざっと数えただけでも、本書には四三回「念仏」という語が出てくる。これを見ただけで、『歎異抄』は、「念仏とは何か」ということを説いた書であることがわかるであろう。

とりわけ第六条から第十条までは、文章の冒頭に「念仏」の語が掲げられる。そこに私たちは本書の編集者、唯円《ゆいえん》の心の流れをみることができるように思う。

第六条　専修念仏のともがらの、わが弟子、ひとの弟子……

第七条　念仏者は無碍の一道なり……

第八条　念仏は行者のために、非行非善なり……

第九条　念仏申し候へども、踊躍《ゆやく》歓喜のこころ、をろそかに……

第十条　念仏には、無義をもて義とす。……

このように「念仏」から文が始まっているのである。いま第八条もまた念仏の意義を明らかにした一条である。この一条は、他の各条、とりわけ前条第七条の力強い、積極的な表現に比して、いかにも地味な印象を受ける。解説書などでも軽く扱われがちである。しかし『歎異抄』の師訓編（第一条から第十条まで）は、親鸞の法語のうちで、最も大切だと思われるものを十ヶ条に書き抜いたものであるから、一条一条が同じ重さで重要なのであろう。私たちは第八条の親鸞の心をどう聞いたらよいのであろうか。

「念仏は行者のために、非行非善なり」。前節で、念仏とは入不二の法門であることが明らかになったが、本条では、第七条と対応して念仏の「非行・非善」性が明らかにされている。親鸞の了解によれば、念仏は、どこまでも大行《だいぎょう》・大善《だいぜん》である。

大行とは、すなわち無碍光《むげこう》如来の名《みな》を称するなり。この行は、すなわちこれもろもろの善法

を摂《せっ》し、もろもろの徳本を具せり。極速《ごくそく》円満す、真如一実の功徳宝海なり。かるがゆえに大行と名づく。（『教行信証』行巻）

◆念仏の私有化

念仏は、衆生の上に現われた如来の行である。ところが念仏の行者（機）の中には、その如来行の念仏（法）を私有化し、わが善根功徳として口称《くしょう》の功をつのる者があとを絶たなかったのである。そこに「行者のために、非行非善なり」と説かれる所以《ゆえん》がある。

ここには親鸞の信仰批判がある。親鸞は、具体的に念仏の異解者を念頭において、この言葉を発しているのである。その「行者」とはどういう人々であろうか。それは、自力の念仏者である。親鸞の晩年には、そのような自力念仏者が東国の親鸞門弟の間に少なくなかった。それゆえに親鸞は、手紙や和讃によって、自力の心を離れるように教誡した。

『宝号経《ほうごうきょう》』にのたまわく、弥陀の本願は行にあらず、善にあらず、ただ仏名《ぶつみょう》をたもつなり。名号はこれ、善なり、行なり。行というは、善をするについていうことばなり。本願はもとより仏の御約束《おんやくそく》とこころえぬるには、善にあらず、行にあらざるなり。かるがゆえに、他力ともうすなり。（『末灯鈔』第二二通）

いま第八条の「非行非善」の指教は、宝号経の中の一節に拠った言葉であることがわかる。念仏は、本願他力の大行・大善であって、決して凡夫自力の小行・小善ではない。「非行非善」とは、念仏の絶対善的な意義を明らかにする概念にほかならない。

「わがはからひにて行ずるにあらざれば、非行といふ。わがはからひにてつくる善にもあらざれば、非善といふ。ひとへに他力にして、自力をはなれたるゆへに、行者のためには非行非善なり」。念仏は、念仏者にとって、「行」でも「善」でもない。「はからい」（分別）を遠く離れている。なぜならば念仏は、阿弥陀仏の本願力回向によって発起する行だからである。これが念仏者にとって「不回向の行」たる所以《ゆえん》である。

真実信心の称名は
弥陀回向《えこう》の法なれば
不回向《ふえこう》となづけてぞ
自力の称念きらはる
（「正像末和讃」）

「ひとへに他力にして」という言葉は、まことに意味深く思われる。念仏は、ひとえに阿弥陀仏の大悲心によって、衆生に回向《えこう》された行である。したがって、念仏は、衆生の側からすれば、どこまでも本願他力に賜わる「大行」である。衆生の心念に出現した仏の名告《なの》りである。それゆえ親鸞教学において、念仏の行は、いわゆる「修行」の意味で理解することはできない。かつて鈴木大拙師が『教行信証』を英語に翻訳したとき、「大行」をGreat Livingと訳されたことが想い起こされる。これは、親鸞の「行」の思想が、通念としての「修行」の概念では包みえないからであった。

非行非善的念仏は、滅罪生善的・善根主義的念仏と全く異なる。私たちは、しばしば念仏を呪文と取り違え、それで自分の願望を満たそうとする。これは、念仏の真実義をはなはだしく誤まるものである。それでは、念仏とは、要するにエゴ的行為にすぎない。

もともと仏教は、人間を非行非善的「無」の位置に投げ返し、その「無」の大地に立たせようと教える。禅の初祖達磨《だるま》大師は、梁《りょう》の武帝に「朕《ちん》、寺を起《た》て僧を度す。何の功徳かある」と問われ、「並びに無功徳《むくどく》」と、にべもなく突っぱねたと伝えられる。達磨大師は、武帝の功利主義的仏教観を全否定したのである。いま『歎異抄』第八条の「非行非善」の否定語は、念仏の、行為としての無償性、すなわち「無」の行なることを示すものではなかろうか。考えてみれば、まことにきびしい一条である。

（大谷大学教授）

9　如来の慈眼の中で
――歎異抄第九・十条――

森《もり》　正隆《しょうりゅう》

〔第九条　原文〕

念仏申し候《そうら》へども、踊躍歓喜《ゆやくかんぎ》のこころ、をろそかに候ふこと、またいそぎ浄土へまいりたきこころの候はぬは、いかにと候ふべきことにて候ふやらんと、申しいれて候ひしかば、親鸞もこの不審ありつるに、唯円房《ゆいえんぼう》おな

〔現代語訳〕

「口ではお念仏を称《とな》えてはおりますものの、心の中では踊り上がるほどの喜びの気持が湧き立ってはまいりませぬ。それに、急いでお浄土へお参りしたいという憧れの心もございませぬ。これは一体どういうことなのでございましょうか――」と、私の心の中をありのままに打ち明けてお尋ねいたしましたところ、

じこころにてありけり。

よくよく案じみれば、天におどり、地におどるほどに、よろこぶべきことをよろこばぬにて、いよいよ往生は一定《いちじょう》とおもひたまふべきなり。

よろこぶべきこころをおさへて、よろこばせざるは煩悩の所《しょ》為《い》なり。しかるに仏かねてしろしめして、煩悩具足の凡夫と仰《おお》せられたることなれば、他力の悲願は、かくのごときのわれらがためなりけりとしられて、いよいよたのもしくおぼゆるなり。

「この親鸞も、これについて不審をいだいていたことがあったが、唯円坊《ゆいえんぼう》よ、お前さんも私と同じように悩んでいなさるな――。

ジィーッと思いをめぐらして考えてみると、救われるはずのない者が救われるということは、それこそ踊り上がって喜んで当然だと思われることなんだがネ、それがうれしいとも思えないとは――。しかしながら、もう一歩突き進んで考えてみると、そうであってこそ、往生は間違いないんだということに思いつかねばならんのだよ。

なぜかと言うとネ、大いに喜ばねばならん心を抑えて、うれしくもなんとも思わないようにしているのは煩悩のしわざなんだネ。私たちがネ、煩悩ずくめ、泥まみれの人間だということを、如来さまはよくよくご存知なんだよ。それがなんともいとおしくてならぬと思召して立てて下さったのが他力の悲願というもので、そのお心を聞かせていただいたら、い

また浄土へいそぎまいりたきこころのなくて、いささか所労のこともあれば、死なんずるやらんとこころぼそくおぼゆることも、煩悩の所為なり。

久遠劫《くおんごう》よりいままで流転《るてん》せる苦悩の旧里はすてがたく、いまだ生まれざる安養《あんよう》の浄土はこひしからず候ふこと、まことによくよく煩悩の興盛《ごうじょう》に候ふにこそ。

なごりおしくおもへども、娑婆の縁つきて、ちからなくしてをはるときに、かの土へはまいるべきなり。いそぎまいりたき

よいよたのもしくなってくるではないかネ。

急いでお浄土へお参りしたい気持なんかなくて、少しでも体の加減が悪いようなことでもあれば、ひょっとして、この自分は死ぬんじゃないだろうか——なんて心細い気持にさせられるのも、これも煩悩のしわざというものなんだナ。

ずっとずっと遠い久遠《くおん》の昔から今まで、生まれ変わり死に変わりして流転して来たこの娑婆というところは、苦しみ多く悩みの絶えることのないところではあるが、いうなれば、この娑婆こそが私たちの故郷なので、なかなか捨て切れない執着でつながっているのだよ。まだ往ったこともないお浄土というところは、どれほど安楽なところだと聞かせていただいても、心ひかれ懐しい気持などなれないのは、よほど煩悩が強くて盛んであるためなんだネ。

これほど執着して尽きぬ名残りを惜しんだとて、この娑婆世界にとどまる縁が尽きてしまったら、寿命は終わらなければ

こころなきものを、ことにあはれみたまふなり。これにつけてこそ、いよいよ大悲大願はたのもしく、往生は決定と存じ候へ。

踊躍歓喜《ゆやくかんぎ》のこころもあり、いそぎ浄土へもまいりたく候はんには、煩悩のなきやらんと、あやしく候ひなましと、云々。

ばならんのだよ。急いでお浄土へ参りたいともなんとも思わない者を、ことのほか心を痛めて下さっているんだネ。それなればこそ、いよいよ如来の大悲大願というものはたのもしく思われて、往生は間違いないのだと確信すべきなんだョ。

仏法を聞いて、踊り上がるほどうれしく、有難いずくめでいる人、それに、すぐにでもお浄土へ参りたいなどと思うている人がいれば、その人たちは、一体、煩悩がないのではなかろうかと、したがって如来の本願に洩《も》れはせぬかと、かえって疑わしくさえ思えてならんのだよ……」

◆大海原のまなざし

「口ではお念仏を称《とな》えてはおりますものの、心の中では踊り上がるほどの喜びの気持が湧き立ってはまいりませぬ。それに、急いでお浄土へお参りしたいという憧れの心もございませぬ。これは一体どういうことなのでございましょうか——」

と、私の心の中を打ち明けてお尋ねいたしましたところ、

「この親鸞も、これについて不審をいだいていたんだが、唯円坊《ゆいえんぼう》よ、お前さんも同じように悩んでいなさるな」

有名な、あまりにも有名な『歎異抄』第九条の冒頭の対話です。

信仰の世界には、往々にしてこのような頭だけの、理屈だけの早のみこみ、早合点がつきもののようです。質問者であり、著者でもある唯円坊というお方の身辺のことが、歴史学者の中でも諸説があり解明されてはいないということですが、私には、そんなことはどうでもよいことなのです。信仰の極限にいどむこの対話の記述が、今、私の手許に与えられてある――、このことが大いなる感動なのであります。

この貴重な先人の対話記録をもとに、拙《つたな》い解説を試みてみましょう。

心得たと思うは、心得ぬなり。心得ぬと思うは心得たるなり。

『蓮如上人御一代記聞書《ごいちだいききがき》』にありますお言葉です。血気さかんな唯円さんは、念仏のいわれを聴いて一瞬、〝わかったッ！　なるほどこれだッ！　この私の救われて往く道！〟と、小躍りせんばかりに有頂点になって喜んだ一時期があったにちがいありません。そして法悦のうちの日暮らしが、何ヶ月か何年か続いていきますうちに、いつかだんだんと初期の感動が薄れ始めて、〝こんなはずではなかったのに……〃というジレンマの靄《もや》が漂い始めて、それがいつしか壁になり、次第にその厚みを増し始めて来たようです。

かつての歓喜の日暮らしが、いつの間にか悶々の日々に変わって来たんでありましょう。〃こんなはずじゃなかったんやが……〃と、唯円さんは考え込み、首をかしげます。若気のいたりとでもいうものでしょうか。掌中に摑《つか》んだと思うていたはずの念仏が、今、薄眼を開いて掌の平を見やれば影も形もなくなってしまっていました。これが、心得たと思うは、心得ぬなり――であったんです。わかったつもりだったのです。喜びが大きかっただけに、絶望の傷もまた大きかったのです。それが、もう一度問い直すことをためらわせたのです。再度、問い返すことは、自分自身大変な恥辱でもあるし、恩師親鸞さまの信頼を裏切ることにもなりかねません。さりとて、このままの心情では泥沼にはまり込んだのも同然です。ずいぶん、悩み苦しまれたことでありましょう。

ついに意を決しました。唯円さんの憔悴しきった姿は、見るも痛々しいものであったにちがいありません。想像するに難くないようです。ある日、親鸞さまの前に手をついて申し上げました。それが、先に掲げた一文なのです。唯円さんは覚悟していました。親鸞さまの口から吐き出される激しい叱責と罵《のの》りの言葉を。

私は、この場面に於いて、両者対面のまなざしを思い浮かべないわけにはいかないのです。唯円さんのまなざしは、いじらしいほど萎縮しきっていたのではなかったろうかと想像されます。通俗的な解釈かも知れませんが、ひょっとして、破門、追放をも覚悟していたのかもしれません。ですから、親鸞さまのお顔を見上げる勇気すらなかったかも知れません。唯円さんのまなざしは、親鸞さまのお膝元か、それとも畳の上、いや板の上に注がれていたかも知れません。いや、その眼はこみあげてくる大粒の涙のためにつむっていたでしょう。きっとつむっていたにちがいありません。

何ヶ月も、いや何年もわだかまっていた心の重圧を一気に吐いて捨てるように親鸞さまの御前にぶちまけたんです。唯円さん、よくぞ言って下さいました――。貴方の問いは、とりも直さず、この私自身の問いであったからです。

知っていながら知らんふり、知りもせぬのに知ったかぶり……。

信仰の過程の中にあって、往々にして陥りやすい落とし穴がここにあるのです――。早合点、心得た、わかった、了解、会得等々。そこから、見られている、他人の眼を意識する信者ぶるまい、見せるための、聞かせるための説教者ぶるまいの悪臭を漂わせ始めるのです。自分自身の体臭に気づかないままに。これこそ、似て非なる道化役者、鼻もちならぬ演技が知らず識らず身についてしまうのです。いつの間にやら、演技していることすら忘れて、習い性《しょう》となり果てます。錯覚であり、思い上がりであり、恐ろしいかぎりです。

唯円さんの心境を察するために、話は少しく横にそれたようですが、苦渋苦悶の道は長く険しいものでした。両手をついて親鸞さまのお答えを待ちました。

なんと、それは全く予期しなかった生暖い言葉だったのです。原文で、

親鸞もこの不審ありつるに、唯円坊おなじこころにてありけり……

親鸞流刑の地の海（直江津・居多浜）

唯円さんは、激しい叱責と罵倒を覚悟の上でお尋ねをしたにもかかわらず、わが耳を疑ぐるように……、一瞬ふり仰いだ親鸞さまのお顔は、吹き出る涙でぼんやりとしか見えなかったでしょう。何度も何度も涙を拭《ぬぐ》いながら、親鸞さまのお顔を仰ぎ見つつ、そのまなざしを探し求めたことでしょう。あたかも乳飲み子が母親の乳房を探し求めるように――。

涙は次第に涸《か》れて、少しずつお顔の輪郭がはっ

きりと見え出してきました。それは広い大海原のようなまなざしで、幾千の川が流れて海に入り一味となる――深い慈愛をたたえたまなざしでありました。同じく『歎異抄』第六条には、「親鸞は弟子一人ももたず候ふ――」と仰せになっていられます。

如来の御前に佇《たたず》んでは、もはや師匠も弟子もあるはずはない。すべて御同行《おんどうぎょう》・御同朋《おんどうぼう》ではないかと仰せになります。であればこそ、ご自身の若き日の苦悩の傷跡をさらりと見せて、悩むのではない、歎くのではないと励ましながら、愛《いとお》しみのまなざしが注がれるのです。

◆浄土交響曲の旋律

このお二人の対話は、いつ頃どこであったかは知る由もありませんが、親鸞さまがご往生になり、二十七、八年後に唯円さんが六十八歳でこの世を去られたという――この記述から算出いたしますと、お二人の年齢の差は五十歳と出てきます。まるでおじいさんと孫との対話ともうかがえるようです。それにしましても、親鸞さまの感覚の若々しさ、純粋さにはただただ驚きのほかありません。ひたすらに真実の白道を生き抜かれた証拠と言えましょう。

この二人の対話のひとときに、ずいぶん、さまざまのまなざしが往き交ったことであろうと思いをめぐらせてみるのです。萎縮《いしゅく》から驚愕《きょうがく》へ、信頼から慈愛へと、……、刻々刹那に、心の展転そのままに――。

真実心に目覚めた、こんなに美しくも貴いまなざしの交信は、他にその例を見ることができないように思えます。信仰の法脈が激流となって老いたる親鸞さまから、若き唯円さんの胸の中に流れ込む音が聞こえてくるようです。

この対話を契機として親鸞さまのお話が始まるのです。その驚きは、時には高らかに時にはひそやかに、時には激しく時には囁くように、傷ついた若き唯円さんの心の内奥にしみ込んでいきます。その格調高い旋律は、まさに全『歎異抄』中の圧巻で、ひたひたと迫まり来る浄土交響曲を聴く思いがしてならないのです。

そのお話について、ここに再び私の拙い現代語訳をお目にかけることにします。それはせっかくの格調の高い響きを、ことさら不協和音で乱す愚行とお嘲笑《わら》い下さい。

「ジィーッと思いをめぐらして考えてみると、救われるはずのない者が救われるということは、それこそ踊り上がって喜んで当然だと思われることなんだがネ、それがうれしいとも思えないとは――。

――中略（文頭の現代語訳参照）――

仏法を聞いて、踊り上がるほどうれしく、有難いずくめでいる人、それに、すぐにでもお浄土へ参りたいなどと思うている人がいれば、その人たちは、一体、煩悩がないのではなかろうかと、したがって如来の本願に洩《も》れはせぬかと、かえって疑わしくさえ思えてならんのだよ……」

ご自身の心の傷の軌跡を思い起こし、今、眼前に苦悩する若き唯円さんの生々しい、真実を求めればこそ余計に生々しい心の傷口に、そっと投げかける親鸞さまの暖かいまなざしがあったのです。

そこには、師でもなく弟子でもない、如来の慈眼の中に育まれてある老若二人の懐かしい人影があったのです。

◆まなざしが変わる

昭和三十年ごろのことですから、もうずいぶん昔のことになってしまいました。そのころ、私は西本願寺大阪教区の仏教青年会と仏教婦人会の仕事のお手伝いをしておりました。

ある日のこと、貝塚地区のお寺で若婦人会を結成するので、担当者の私に出向いて来ていろいろ手引きをせよ——との依頼を受け、早速出かけて参ったのです。そして、一応、結成の趣旨・目的・運動方針・手続等についての説明をいたし、しばし休憩後、第二部の座談会に入りました。

戦後の風潮にのっとり堅苦しい空気を避け、気楽に何でも語り合える雰囲気を出そう――との方針でしたので、その方向にリードしようと口を切り出したんです。そうしましたら、あるご婦人がおもむろに手を挙げて、次のような質問をなさったんです。

「ちょっとお伺いします。仏法を聞かせていただいたら、どのように変わるもんでしょうか」

正直申しまして、この質問にはド肝を抜かれてしまいました。三十歳になるやならずやの若僧に対して、姉さんのようなご婦人からの大真面目な問いかけでした。一瞬、胸を突かれたようなショックを感じました。

変わるのが目的で仏法を聞こうとするのか、聞いているうちに、いつしか変わるのか……体中の血がカッ！　と頭に上ってしもうたんですナ。世にいうシドロモドロの状態ですネ。そうはならじと剣ヶ峰でふんばる、まるで一人相撲。そのとき、もう一人の私が何喰わぬ顔で次のようなことを口走っていたんです。

「仏法を聞かせていただいたら、まずその人のまなざしが変わるでしょうナー」

と。思わず知らずに口走ったというのが、偽りのない告白です。何を根拠に……わかりません。それなら、口から出まかせ？　そうでもなさそうです。これは後になって思い当たったことなんですが、亡くなった父が生前によく、モノを言うときにはハッキリ対手の眼を見て話せ――と口癖のように話していたことが思い出され、一見いや一聞、口から出まかせのようにポロリと私の口からこぼれ落ちた言葉の出処は、どうやらここにあったのかと一人苦笑を漏らしていたことでした。と同時に、言いようのない懐かしみを感じていたことでした。

「仏法を聞かせていただいたら、まずその人のまなざしが変わるでしょう――」

まるで窮鼠猫を噛むような私の名解答？　に対しましして質問は止みました。同じような質問が続けば先が思いやられますので、話題が次々と変わっていくのをこれ幸いと溜飲を下げたことでした。予定の時刻が来て閉会し、お暇乞いをして帰途に就きました。厳密に申しまして、その日から今日の日まで、「まなざし」は、私にとって生涯の大命題にまでふくれあがって来たんです。

問われるということは、逆にこんなにも育てられることになるのか、と今、しみじみ痛感しています。あのとき、あそこで、この問いかけを受けていなかったら、これに気づかず、触れずじまいに通り過ぎていたかも知れません。人と人との出会い、問いかけとの邂逅、このご縁を噛みしめながら、反復反芻していることです。日常生活での出会い、先人との出会い、歴史との出会い……それはもうさまざま、そこに「まなざし」を添えることで、平面はみるみる立体化し、モノクロはカラーになって話しかけてまいります。

『歎異抄』第九条の文中には、まなざしの文字は見当たりませんが、その行間、字間に縦横に交わされる問いかけの唯円さん、答えられる親鸞さま、そしてこのお二人をみそなわせられる如来の慈眼が痛いほど伝わってまいります。

〔第十条　原文〕（冒頭部）

念仏には、無義《むぎ》をもて義《ぎ》とす。不可称《ふかしょう》・不可説《ふかせつ》・不可思議のゆへにと、仰《おお》せ候《そうら》ひき。

〔現代語訳〕

念仏というものは、われわれ人間の分別や、悟性でもって理解することはできないというのが、その正しい理解と言えましょう。何故ならば、念仏というものは行者のはからいではなくて、阿弥陀如来より与えられるものであり、この如来のはからいは、凡夫の口でたたえ尽くすことも、説き尽くすことも、心で思いはかることもできないからと、親鸞聖人が仰せになりました。

（以下略）

◆歌う耳、聴く耳、仏の声

（金子大栄師の言葉）

真宗の碩学、故金子大栄先生は晩年の講演記録『仏教音楽について』の中で、次のようなことをお話しておられます。

〝私が、孫たちの前で歌を歌いますれば、〈おじいちゃんの歌は、お経みたいやナ〉と申すのであります。私は、どうも抑揚がままなりませんので、このようにいわれるのでございましょう。このことを、あるお方に尋ねてみますと、オンチというのは耳が悪いので、意のごとく抑揚できないようで、いまさらどうしてみようもなく、残念なことであります。

ところが、オンチで歌を歌うことがままならぬ悪い耳ではありますが、美しい声や素晴らしい音楽を聴かせてもらう方の耳は、一向に差し支えがない……というのは、まことに不思議なことで有難いことです。

邦楽にしろ、洋楽にしろ、よい音楽を聴きますと心が洗われるような清々しい気分にさせてもろうたり、あるときは高調したり、和んだりいたします。これはまことに、喜ばしく有難いことだと思うております。

親鸞聖人は、その晩年近い時期において五百首余りのご和讃をお書きになりました。これは、まことに尊いことと思うているのですが、このことを音楽に堪能なお方にお話しますと、これがどういうわけか、もう一つ評判がよくないんですなァ。その辺のことは、もう一つ私もよくわからないのですが、一字一句のこともさることながら、全体的に見てその格調というか、響きというか、そういうものを全身で受けとめる……ということが必要なんではなかろうかと、しきりにそのように思えてならんのですが、いかがなことでしょうか。

浄土三部経は、視覚に訴える浄土の大パノラマのお荘厳であり、また聴覚を促す大交響曲だと、日々味合わさせていただいております。一字一句を丹念に求める気持ちと、その全体の響きを身体いっぱいに受けとめさせていただく、両面が肝要かと思われます。

年齢をかさねてまいりますと、日に日に目もうとく、耳も遠くなって、日常のことに不自由がつのってはきますが、それとは逆にこれまで見えなかったものが見えてきたり、今まで聴こえなかったものが聞こえてきたりするのであります……〃

このあたりのことを読ませてもらったとき、なんともはや、八十余歳のご老僧のお言葉かと耳を疑わざるを得ない、なんと瑞々《みずみず》しいご発想か……と、大いなる感動を覚えたことでありました。
音楽というものの、一番肝要なところを申されておられると感心しました。
ただ単に、音の振動だけを鼓膜で受けとめるだけでなく、心の耳をもって、全身で聴くことの大切さを学び、満ち足りた思いにさせていただきました。

実は、四、五年前に書いたメモに筆を添えながら、今また、更に大きな感動を受けたことに気づかされたのです。それは……、

〃一字一句を丹念に求める気持ちと、その全体の響きを身体いっぱいに受けとめさせていただく、両面が肝要と思われます〃

何気なく、この処を書き進んで来まして、響の一字に、不思議な感銘を覚えたのです。この一字を、上下二字に分けますと、郷音、つまり、故郷の音と判読できると気づいたのです。故郷は、時間と空間、音は自然音や人声……。限りなく細分化できる一方で、逆に限りなく拡大できることも可能だと、思え始めて来たのです。この小さな私の胸の中で。

そのとき、〃念仏には無義をもて義とす、不可称不可説不可思議のゆへにと仰せ候ひき……〃この御文が響き渡りました。

（大阪・蓮光寺前住職）

10 真実を見つめる目を
――歎異抄第十三条――

岡《おか》 亮《りよう》 二《じ》

〔第十三条　原文〕

弥陀の本願不思議におはしませばとて、悪をおそれざるは、また本願ぼこりとて、往生かなふべからずといふこと。この条、本願を疑ふ、善悪の宿業《しゆくごう》をこころえざるなり。

よきこころのをこるも、宿善の

〔現代語訳〕

阿弥陀仏はどのような悪人もお救いになるという、不可思議な本願をお誓いになっている。そこで、弥陀の本願はいかなる悪人もお救いになるからといって、どのような悪も恐れる必要がないと、願に甘えることは、「本願ぼこり」といって、その悪心のままの生活では、往生はかなわない、と主張する人々がいる。けれどもこのような主張こそ、本願を疑っている、善悪の宿業《しゆくごう》を心得ていない人の言葉だ

もよほすゆへなり。悪事のおもはれせらるるも、悪業のはからふゆへなり。

故聖人（親鸞）の仰せには、卯《う》毛《のけ》・羊毛《ひつじのけ》のさきにいるちりばかりも、つくるつみの宿業にあらずといふことなしとしるべしと候《そうら》ひき。

またあるとき、唯円房はわがいふことをば信ずるかと、仰せの候ひしあひだ、さん候ふと、申し候ひしかば、さらばいはんこと、たがふまじきかと、かさねて仰せの候ひしあひだ、つつしんで領状《りょうじょう》申して候ひしかば、たとへばひとを千人ころしてんや、しからば往

と言わねばならない。

私たちは今、念仏を称《とな》えている。そのよき心がなぜ今、私に起こっているのか。それは無限の過去からの、阿弥陀仏の大悲のはたらきとしての、宿業にもようされてである。それにもかかわらず、日常生活においては、悪事のみが心に浮かび行ぜられるのは、私自身の、無限の過去から積み重ねている、悪業《あくごう》のはからいによっている。

かつて親鸞聖人は、「たとえ兎の毛や羊の毛の先についている、塵《ちり》のような少しの行為であっても、その行為によって作る罪のすべては、宿業でないものはないと、知らなければならない」と、仰せられた。

またあるとき、「唯円房《ゆいえんぼう》よ、私の言うことを信じるか」と仰せになられたので、「もちろん信じます」と申し上げたところ、「では、どのような命令であっても背《そむ》かないか」と今一度、言葉を重ねられたので、確かに、そのようにい

生は一定《いちじよう》すべしと、仰せ候ひしとき、仰せにては候へども、一人もこの身の器量にては、ころしつべしともおぼへず候ふと、申して候ひしかば、さてはいかに親鸞がいふことを、たがふまじきとはいふぞと。

これにてしるべし、なにごとも、こころにまかせたることならば、往生のために千人ころせといはんに、すなはちころすべし。しかれども、一人にてもかなひぬべき業《ごう》縁《えん》なきによりて害せざるなり。わがこころのよくてころさぬにはあらず。また害せじとおもふとも、

たしますと、承《うけたまわ》った。すると親鸞聖人は、「では唯円よ。人を千人殺してくれないか、そうすれば往生は必ず定まるにちがいない」とおっしゃられたので、「仰せではございますが、一人も、私の力量では殺せると思えません」と申し上げると、「あれほど固く、親鸞の言うことには、絶対に違えませんと約束したではないか」と申された。

以上のことから、はっきり知ることができるはずである。もしいかなることでも、心の思いのままに、なすことができれば、往生のために千人殺せと言われれば、ただちに殺すことは可能である。けれどもたとえ一人であっても、殺すことができる業縁《ごうえん》がないから、害することをしないのである。決して、自分の心が善いから、殺さないのではない。したがって、自分は絶対に人に害など与えないぞと思っていても、場合によっては、百人でも千人でも殺すこともあると、仰せられたのである。

百人千人をころすこともあるべしと、仰せの候ひしは、われらがこころのよきをばよしとおもひ、悪しきことをば悪しとおもひて、願の不思議にてたすけたまふといふことをしらざることを、仰せの候ひしなり。

そのかみ邪見におちたるひとあて、悪をつくりたるものをたすけんといふ願にてましませばとて、わざとこのみて悪をつくりて、往生の業とすべきよしをいひて、やうやうにあしざまなることのきこゑ候ひしとき、御消息《ごしょうそく》に、薬あればとて毒をこのむべからずとあ

親鸞聖人のこの教えは、私たちはともすれば、自分の考えで判断した「善いこと」を「善」と思い、「悪いこと」を「悪」と思っているが、そのようなことは、この世の業縁によって、どのようにでもなるのであって、その一切が迷いの悪業の中にあるのである。阿弥陀仏の本願は、この愚悪なる一切を救おうとされている。にもかかわらず人々は、自分の判断で善悪を主張しあって、願の不思議がこの私をお助けになるということを、全く知っていないと、仰せられているのである。

その昔、親鸞聖人がお元気であられたころ、阿弥陀仏の教えを聞き違え、邪見に陥った人がいた。彼は、悪い行為をした人を助ける願が、ここにましますと言って、わざと好んで悪事をはたらき、それを往生の業とすべきだと主張し、様々な悪行をはたらいたと、噂されているのを聞いたことがある。このことについてはお手紙に、「薬があるか

そばされて候ふは、かの邪執をやめんがためなり。またく悪は往生のさはりたるべしとにはあらず。持戒《じかい》・持律《じりつ》にてのみ本願を信ずべくば、われらいかでか生死《しょうじ》をはなるべきや。かかるあさましき身も、本願にあひたてまつりてこそ、げにほこられ候へ。さればとて、身にそなへざらん悪業は、よもつくられ候はじものを。

また、海・河に、網をひき、釣《つり》をして世をわたるものも、野やまにししをかり、鳥をとりて、いのちをつぐともがらも、商《あきな》ひをもし、田畠をつくりて過ぐるひとも、た

らといって、わざと毒を好んで飲んではならない」とお書きになられているが、それはただ、このような間違った考えを止めさせようとしているだけである。決して、悪事が往生の障《さわ》りになるということではない。もし戒律をたもち、真実の心を持った者のみが、本願を信じることができるのであれば、私たちのような凡愚は、生死《しょうじ》を離れ、迷いの世界から逃れられることなど、絶対にありえない。このような愚かであさましい身であっても、阿弥陀仏の本願に値遇させていただいたからこそ、本当に、この願を「ほこる」ことができるのである。といって、身に備わっていない悪業を、どうしてわざと好んで作れるだろうか。それは決してあってはならないことである。

このようなことは、海や川で網を曳《ひ》き釣をして、この世を生きる者も、野や山で動物を捕え鳥をつかまえて生活を営む輩も、商売をし田畠を耕作して生計をたてている人も、

だおなじことなり。

さるべき業縁《ごうえん》のもよほせば、いかなるふるまひもすべしとこそ、聖人は仰せ候ひしに、当時は後世者《ごせしゃ》ぶりして、よからんものばかり念仏申すべきやうに、あるひは道場にはりぶみをして、なんなんのことしたらんものをば、道場へ入《い》るべからずなんどといふこと、ひとへに賢善精進《けんぜんしょうじん》の相を外《ほか》にしめして、内には虚仮《こけ》をいだけるものか。

願にほこりてつくらん罪も、宿業のもよほすゆへなり。されば、よきことも悪《あ》しきことも業報《ごうほう》にさ

すべて同じことである。

そうせざるを得ない業縁が、もしその人に降りかかれば、人は必ず、どのような行ないをもしてしまうものであると、親鸞聖人は仰せられているのに、この頃、あたかも自分こそ、真に往生を願う者のように振る舞って、善き生き方をしている者のみが、念仏することができるように、ある場合には、道場に貼り文などをして、何々のことをしているような者は、この道場に入ってはならない、と言っているのは、まことに表面では、賢く善きことに励んでいるように見せかけながら、その心の内は、かえって嘘や偽りで満ちみちていると言うべきか。

本願を「ほこり」に思い、念仏を喜ぶ人々でも、人は罪を作ってしまう。その作る罪も、私たちの宿業の故に、そのような行為をしてしまうのである。とすれば私たちは、この世の出来事としての、善きことも、悪しきことも、そ

しまかせて、ひとへに本願をたのみまいらすればこそ、他力にては候へ。

唯信抄《ゆいしんしょう》にも、弥陀、いかばかりのちからましますとしりてか、罪業の身なれば、すくはれがたしとおもふべきと候ふぞかし。本願にほこるこころのあらんにつけてこそ、他力をたのむ信心も決定《けつじょう》しぬべきことにて候へ。

おほよそ、悪業・煩悩を断じ尽くしてのち、本願を信ぜんのみぞ、願にほこるおもひもなくてよかるべきに、煩悩を断じなば、すなはち仏に成り、仏のためには、五劫《ごこう》

の一切が迷いの業報でしかないことをはっきり見極めて、ひとえに、阿弥陀仏の本願を信じる心こそ、他力なのである。

『唯信鈔《ゆいしんしょう》』にも、「あなたは、阿弥陀仏がどれほどの力がおありになると知っていて、自分はこのような罪業の身であるから、やはり救われそうもない、と思っているのであろうか」と、述べられている。本願をほこりに思う心があるからこそ、ただ阿弥陀仏の他力にすべてをまかせるという信心が、きわめて確かになるのである。

もしも悪業煩悩を完全に断ち切って、その後ではじめて本願を信じるべきだとするのであれば、願にほこる思いなど必要でないかも知れないが、煩悩を断じたならば、そのときはただちに、悟りを得て仏になってしまう。その悟った人のためであれば、阿弥陀仏の五劫思惟《ごこうしゆい》の願は、全く無意味なものになるのではなかろうか。

思惟《しゆい》の願、その詮《せん》なくやましまさん。

本願ぼこりといましめらるるひとびとも、煩悩不浄具足せられてこそ候ふげなれ。それは願にほこらるるにあらずや。いかなる悪を本願ぼこりといふ、いかなる悪かほこらぬにて候ふべきぞや。かへりて、こころをさなきことか。

本願ぼこりといって、人を戒め批判している人々も、やはり煩悩だらけで、身も心も汚れているようにお見受けする。それであれば、この本願があればこそ、私たちは救われるのだと、本願を「ほこり」としなければならないのではなかろうか。一体、どのような悪事を本願ぼこりというのか。またいかなる悪事であれば、「願にほこる」ことを必要としなくてもよいのであろうか。本願ぼこりと批判している人こそ、かえって心が幼稚なのではなかろうか。

◆環境と行為

さるべき業縁《ごうえん》のもよほせば、いかなるふるまひもすべし。

ずいぶん前に、『朝日新聞』の「天声人語」で紹介された記事ですが、米国エール大学の心理学のミルグラム教授が次のような実験をしたというのです。生徒が学習をするのに罰を与えることによって、どれだけすみやかに学習を進めることができるかという実験で、正常な大学生に先生役をお願いし、用意された問題を出してもらうのです。

男の生徒はその先生の前で答えるのですが、間違うと実験主任が、その先生役の大学生に、罰としてボタンを押して下さいと言う。電流のショックで生徒を緊張させ、学習を進めさせようというのです。そして間違うたびに次第に強い電圧がかけられる。生徒はそのショックのために、悲鳴をあげて泣き叫ぶ。これには先生役の大学生もびっくりし、青くなって「こんな残虐な実験はごめんだ」と口々に申し出ることになるのですが、そのたびに実験主任は「大切な実験ですから続けて下さい」と命じるのです。それでも途中でおりた学生もいたが、大部分は油汗を流しながら、最高四五〇ボルトまで電圧をあげた。四五〇ボルトの電圧は、人間が死ぬ危険性のある電圧で、それは前もって学生たちに十分知らされていたというのです。

実はこの実験、生徒の学習に関する実験なのではなくて、正常な人間がどれだけ残虐になりうるかという、先生役側の心理実験であったのです。したがって生徒はサクラで、電流は通じておらず、時々答えを間違えては、押されたボタンにあわせて泣き叫んでいたにすぎないのです。実験に大学生千人が選ばれたのですが、ミルグラム教授の最初の考えでは、ほんのちょっとした答えの間違いで、人の命を落とさせるようなことのできる人間は、まさしく特異な残虐人間というべく、このような人は、一万人の中に一人いるかいないかだろうと推定されていました。ところが驚くことに三人に二人までが四五〇ボルトのボタンを押してしまったというのです。これにはミルグラム教授自身、大きな衝撃を受けたらしい。

当時アメリカはベトナム戦争の最中にあり、そこでは種々な残虐な行為がなされ、それが報道されてきびしい批判がなされていたときです。平時の冷静さを保つことができる実験室でも、「大切な実験だ」というほんのちょっとした正義観を与えるだけで、人はこのようになってしまう。それならば、自分自身がたえず死の恐怖に襲われている、限界状況ぎりぎりの戦場で、きわめて強い敵意を抱いて、異民族を相手にした場合、目をそむける残虐な行為が平然と行なわれたとしても、不思議でないと言わねばなりません。

「天声人語」のこの記事は、もちろん戦争を肯定しているのではありません。いわんや、だからかかる行為がなされてもやむをえないと言っているのでもありません。全く逆であって、だからこそ一人ひとりが、もっときびしく人間の真の意味でのこわさを見つめよと言っているのだとうかがえます。私たちは誰しも平和を願っています。平和主義者でない者はいないと言ってもよいでしょう。けれども平和を願っているその人が、自身の心の奥底に思いもよらぬ残虐性をひめていることを、私たちは知らねばならないのです。

親鸞の「さるべき業縁《ごうえん》のもよほせば、いかなるふるまひもすべし」という言葉は、この心を端的に言い表わしていると思います。人間の常として、私たちは自分自身の中に確かさを求め、善人であるべき自分をそこに認めたく思っています。今日の日常を眺めてみますと、私たちは概して、悪に走らず人生を送っていると言えるかも知れません。けれども自分は悪をなしていない、むしろ善を行なっているのだと思える人は、たまたま、自分の今おかれている環境が、悪をなさなくても生きていくことができる状態であるにすぎないのではないでしょうか。その証拠に、環境が突然変わって悪なる状態に落としめられれば、その瞬間、今まで笑みをたたえ善人ぶっていた私たちは、たちまち形相を変え、目をつり上げて思いもかけぬ「ふるまい」に走ってしまうのです。

実際のところ、私たちは今なしている行為について、いかなる確かさももっていないのです。だから未来はなおさらで、これから進み行く己《おの》が道程の一切は隠されていると言わねばなりません。このことは、人間は不確かさの中で生きているのだということを意味しています。自分という人間を見つめるとき、自分は確かなのだ、自分の心や歩みには誤りがないのだと、自分の生きざまに確信をもつのではなくて、今、そして未来において、自分は何を仕出かすかわからないという、限りない不安と恐れと恥らいの中に自分を置くことが重要になるのです。ここに愚禿《ぐとく》として、自らを「愚かさ」の中で捉えた親鸞の立場があります。

◆愚悪なる心

われらがこころのよきをばよしとおもひ、悪しきことをば悪しとおもひて、願の不思議にてたすけたまふといふことをしらず。

未来に何が起こるかわからないのが私たちの人生ですが、その中でただ一つだけ確かなことがあります。自分は必ず死と出会うということです。その場では人は心を狂わせて、何をするかわかりません。ところでこの「死」こそ、私たちの生の裏面に常にくっついて離れないものです。未来のこわさはそのために起こるのだと言えるのですが、されば私たちの判断は常に狂い、過ちを含んでいることになります。ところがこの自分の姿の真実を直視せずして、自分に確かさを置き、自分の考えを中心に善し悪しの判断を下しているのが人間だと言えるのではないでしょうか。

親鸞の弟子たちでさえ例外ではありませんでした。ある弟子は、師の「悪人こそ救われる」という教えを「悪恐れなし」と解しました。そこで悪いことをしてもよい、否、悪いことをすればするほどよいのだと、わざと好んで悪をはたらく人々が現われました。これに対してある弟子は、そのあまりの非道ぶりに眉《まゆ》をひそめ、「本願の救いがいかに無限であるからといって、悪を恐れないのは全く本願に甘えてしまった姿であって、そのような者は往生しない」と主張し、道場に貼り文などして「何々のことをした者は道場に入ってはならない」と、悪に陥っている人々を仲間から除こうとしました。ここに善悪を自らの尺度で判断している、悲しい凡愚の姿が見られます。「彼は往生できない」と、誰が一体、言えるのでしょうか。人が浄土に生まれ行くのは、ただ阿弥陀仏の大悲、かの仏の本願力によるのであって、凡愚がとやかく言うべき筋ではありません。ましてそれを決定づける力などあろうはずはありません。それ故に、もし他の人の行動を批判し、彼は往生できないなどと言う人がいるとすれば、この者こそ自分の愚かさを知らぬ増上慢《ぞうじょうまん》だと言わねばならないのです。といって、わざと好んで悪をなす者も、大いなる錯覚の中に落ち込んでいます。そこで親鸞はこの者たちに「薬があるからといって毒を好むべきではない」ときびしい言葉で戒められているのです。

すでに述べましたように、人間誰もが心の底でいだいている願いは、自身に確かさを見い出そうとすることです。賢善精進《けんぜんしょうじん》の相を示すことだと言ってもよいのですが、自分を善人と考え、よりよく生きようと一心に励んで、日々の生活を送りたいと願っているのが、正常なる人間の心なのです。ところがその善への憧れが、常に自己中心的であって、善意がそのまま諍《あらそ》いの因となり、他人を傷つけ、場合によっては百人千人を殺すことになってしまうのです。

親鸞は人間のこの悲しい性《さが》を「一切は愚悪」として捉えられたのです。それなればこそ、もし自身に人間の心があるならば、この自分の悲しい姿に、心から恥らいを持ち、せめて精一杯努力して、悪はなさじと努めねばならないのです。しかも、努力しても努力しても、なお悪の中にしか生きられない自己が露《あらわ》になる。このどうにもならない愚悪者が、念仏の教えを通して、無条件で阿弥陀仏の本願に救われるのです。この者にどうして「わざと悪を好む」心を起こせましょうか。したがって念仏の教えを聞きながら、もしわざと悪を好む者がいるとすれば、彼もまた弥陀の本願を、己がはからいを通して曲解した、全く自己の愚かさに気づいていない者と言わねばならないのです。

親鸞は阿弥陀仏の本願を前にして、「私たち衆生の一切は、無限の古《いにしえ》より今日今時にいたるまで、さらに臨終の一念まで、愚悪なる心のみに満たされ、清浄真実なる善心は一かけらもない」と人間の本性を明らかにされているのですが、にもかかわらず、私たちは誰一人として「一切が悪だ」という上に自分を立たしめないでいるのです。やはり自分の中に確かさを置き、その心を中心として、善し悪しの判断を行なっています。あの人は善い人です、この人は悪い人です、ああ、あのような悪いことがなされている、なんとすばらしい行為でしょう――。ところがしばらくたつと、そのことが逆転してしまっていることが間々あります。ことに社会の流れを追ってみますと、善意に満ちて、これこそ社会の発展のためだと思ってなされた行為が、無惨に人々を苦しめる結果を招くこともあれば、社会を混乱に導くとして、人々に非難された行為が、思わぬ福をその社会に持たらすこともあります。もちろん善き人が善きことを行ない、悪しき人が悪事をはたらく。このさまざまな社会の出来事を、私たちはどのように見ればよいのでしょうか。

◆何が善で、何が悪か

よきこころのをこるも、宿善《しゅくぜん》のもよほすゆへなり。悪事のおもはれせらるるも、悪業《あくごう》のはからふゆへなり。

『歎異抄』第十三条の冒頭は、「弥陀の本願不思議におはしませばとて悪をおそれざるは、また本願ぼこりとて、往生かなふべからずといふこと。この条、本願を疑ふ、善悪の宿業《しゅくごう》をこころえざるなり」という文に始まっています。この中「往生かなふべからず」という、念仏者に対する裁きが、いかに間違っているかは、すでに述べたところです。

ところで「善悪の宿業をこころえざるなり」とはどういうことでしょうか。右にかかげた「よきこころ」云々《うんぬん》の文は、このことの説明文であり、さらに続いて「兎毛《うのけ》・羊毛《ひつじのけ》のさきにいるちりばかりも、つくるつみの宿業にあらずといふことなし」と、親鸞聖人も仰せられているではないかと述べられています。これらの文を文字にそって読んでいきますと、何か私たちがこの世でなしていえるさまざまな善悪の行為は、すべて過去世において作られた善悪によって、決定づけられているような印象をうけます。だからこそ私たちは、どうすることもできないのであって、ただ阿弥陀仏の本願によって救われねばならないのだと教えられているように受け取れます。果たしてそうでしょうか。

ここで親鸞は何を善と考え、何を悪だと見ていたかを知る必要があります。先にも一言申しましたが、仏道（証《さと》りへの道）を歩むという立場に立つかぎり、私たちがこの世でなす一切を、親鸞は「悪」だと捉えています。このことは『歎異抄』（後序）の「煩悩具足の凡夫《ぼんぶ》、火宅無常の世界は、よろづのこと、みなもて、そらごと、たわごと、まことあることなきに」の一言によってもよく知られることと思います。

ではその中にあって「善」とは何なのでしょうか。ここで「ただ念仏のみぞまこと」という言葉の重みを見つめるべきです。そうです。親鸞にとっては、念仏の教えに導かれることのみが「善きこと」であったのです。いわば私たちが日常生活でなす善悪、心に浮かぶ善し悪しが、善・悪として考えられているのではなくて、その一切が「悪」としてある。それ故に私たちはただ本願の不思議によりてのみ救われいくのです。さればこの「本願の不思議」のみが善だと言わねばなりません。この点を『教行信証《きょうぎょうしんしょう》』では「たまたま行信を獲《え》ば遠く宿縁をよろこべ」と言われているのだと思います。

親鸞においても、また唯円《ゆいえん》においても、常に求められていたことは、私が弥陀の本願に救われるという「信心」の問題であったのです。このことからして「よきこころのをこるも、宿善のもよほすゆへなり」は、この世の一切の悪業の中にあって、今、私が本願の教えに出遇《であ》わせていただいたのは、まさしく無限の過去からの阿弥陀仏の光明と名号のお育てによるのだという自覚、そしてそのことを心の底から喜んでいる声だと受け取るべきでしょう。

一方「悪事のおもはれせらるるも、悪業のはからふゆへなり」は、これに対する自分の無始以来、造り作ってきた悪のすべて、それが今もなお続いていることへの限りない悲しみだとみるべきなのです。ところが関東の人々は、この親鸞の「善悪」を、世俗の事柄にまじえ、日常性の中で論じてしまった。ここに根本的な誤りが生じる原因が見られるのです。

さて今日、私たちは『歎異抄』のこの言葉を通して、「宿業」という問題を論じるのですが、同じような過ちを犯してはいないでしょうか。たとえば真宗者にあっても、世俗の生活の中で受けている楽しみや苦しみについて、過去世の「業《ごう》」という言葉がまま使われることがあるのです。日本の歴史において、ある時代に、時の権力者が自分の都合にあわせて差別の社会を形成しました。これは明らかに愚悪なる人間が、間違った見解のもとになした矛盾構造の社会です。それであれば、たとえ人がそのいずれの場に生まれようとも、その人の過去世の業の善悪とは全く関係がないと言わねばなりません。肝要なのは、その人が今、何をなしているかということです。いかに真実を見る目をもっているか、あるいは真の教えに出遇い、その教えに導かれているかということになるのです。

人が安楽なる場にあぐらをかいて差別を行なっているとします。真実の教えに出遇う以前は、おそらくその人は、安楽なる場にいる自分に喜びを感じ、そこに自分の過去世の善業を見てほくそえむことでしょう。だがその人が真実の教えに出遇うならば、逆に、そこに自分の姿の醜悪さを見い出し、かかる自分を作り出している過去世の悪業に慄然とするはずです。悲惨な不幸におそわれ、それが過去世の業によるのではないかと、おどおどしている人についても同じことが言えます。もし真実を見つめる目をもつことができれば、その不幸の原因をつきつめて、それを越える努力が、その人に必然的に生まれてくることになるからです。

私たちが今、人間社会に生きているということは、前世が迷いの悪業のみの中にあったことを意味します。ところでその私が、念仏の教えに出遇い、弥陀の本願に導かれているのです。この愚悪なる自分に限りない悲しみを抱きながら、しかも弥陀の大悲の宿善に喜び、念仏に生きる人間として、悪を好まないのだという自覚と努力の人生でありたく思います。

（龍谷大学教授）

11　異義によって顕われる信

——歎異抄後序——

和《わ》田《だ》　稠《しげし》

〔後序　原文〕

右条々は、みなもて信心のことなるより、をこり候ふか。

故聖人の御ものがたりに、法然聖人の御とき、御弟子そのかずおほかりけるなかに、おなじく御信心のひとも、すくなくおはしけるにこそ、親鸞、御同朋の御なかにして、御相論《ごそうろん》のこと候

〔現代語訳〕

右にあげた八ヶ条の数々は、みなそれぞれの信心の異なることによって起こったのでありましょうか。

故親鸞聖人の御物語《おんものがたり》に、法然聖人がまだご在世のころ、多くの御弟子がおられましたが、法然聖人と同じご信心の人が少なかったので、親鸞と同門の相弟子方の間でご争論が起きました。ことの起こりは、「善《ぜん》信《しん》の信心も、法然聖人のご信心も全く同じで変わると

ひけり。そのゆへは、善信《ぜんしん》が信心も聖人の御信心もひとつなりと仰せの候ひければ、誓観房《せいかんぼう》・念仏房なんど申す御同朋達もてのほかにあらそひたまひて、いかでか聖人の御信心に、善信房の信心ひとつにはあるべきぞと候ひければ、聖人の御智慧才覚ひろくおはしますに、一ならんと申さばこそひがごとならめ、往生の信心にをいては、またくことなることなし、ただひとつなりと御返答ありけれども、なをいかでかその義あらんといふ疑難《ぎなん》ありければ、詮ずるところ聖人の御まへにて、自他の是非をさだむべきにて、この子細を申しあげければ、法然聖人の仰せには、源空《げんくう》が

ころはない」と仰せられたところ、誓観房《せいかんぼう》・念仏房《ねんぶつぼう》などの御同朋《おんどうぼう》たちが、ことのほかに激しく非難されて、「どうして法然聖人のご信心に善信房の信心が一つであろうか、そんなはずがない」と言われましたので、「聖人の御智慧・才覚がひろくあられるのに、善信のそれが一つであると言うのであれば、それこそとんでもない間違った言い分でありましょう。しかし念仏の心のおこるとき、ただちに往生の身を確信させていただく信心においては全く異なることはありません。ただ一つです」とご返答なさいましたが、それでもなお、「どういう根拠があってそのようなことが言えるのか、どうにも承服できない」という非難があったので、結局は聖人の御前で、どちらが正しいかを決めるほかはないということになり、その論争の始終をくわしく申し上げたところ、法然聖人が仰せられるには、「源空《げんくう》

信心も如来よりたまはりたる信心なり、善信房の信心も如来よりたまはらせたまひたる信心なり、さればただひとつなり。別の信心にておはしまさんひとは、源空がまいらんずる浄土へは、よもまひらせたまひ候はじと仰せ候ひしかば、当時の一向専修のひとびとのなかにも、親鸞の御信心にひとつならぬ御ことも、候ふらんとおぼえ候ふ。

いづれもいづれもくりごとにて候へども、かきつけ候ふなり。露命《ろめい》わづかに枯草《こさう》の身にかかりて候ふほどにこそ、あひともなはしめたまふひとびとの御不審をもうけたまはり、聖人の仰せの候ひしをもむきをも、申しきかせまい

（法然）の信心も如来より賜わった信心である。善信房の信心も如来より賜わらせたもうた信心である。だから、ただ一つである。別の信心でおられる人は、源空がまいる浄土へはよもやまいられることはありますまい」と仰せになったのだから、今も同じように、御同朋として、もっぱら念仏ひとすじに励んでおられる人々の中にも、親鸞聖人のご信心に一つでないということもあるのだろうと思われます。

これまで申したことは、どれもこれもみな老いの繰りごとでありますが、やむなく書きつけたのです。枯れ草に危うくかかっている露のように、老いの身にわずかに残るいのちであるからこそ、これまで念仏の歩みを共にしてこられた人々の、信心についてまだすっきりしない点をもお聞かせいただき、聖人の仰せられたご趣旨をも申し聞かせてきたのですが、私が眼を閉

らせ候へども、閉眼《へいがん》ののちは、さこそしどけなきことどもにて候はんずらめと、なげき存じ候ひて、かくのごとくの義ども仰せられあひ候ふひとびとにも、いひまよはされなんどせらるることの候はんときは、故聖人の御こころにあひかなひて、御もちゐ候ふ御聖教どもを、よくよく御らん候ふべし。

おほよそ聖教には、真実権仮《ごんけ》ともにあひまじはり候ふなり。権をすてて実をとり、仮をさしをきて真をもちゐるこそ、聖人の御本意にて候へ。かまへてかまへて、聖教をみみだらせたまふまじく候ふ。

大切の証文ども、少々ぬきいでまい

じたあとは、直接聖人の仰せをうけた者ももはや居なくなり、さぞ締りのない乱れたことになるだろうと、歎かわしくてならぬので、このような聖人の仰せでもない異義を互いに言いつのる人々に、迷わされるようなことのある場合には、故聖人の御心《おんこころ》にかなってお用いになったご聖教《しょうぎょう》などを、よくよくご覧になって下さい。

およそ聖教には、真実のはたらきそのものの顕われた言葉と、その真実のはたらきに私たちを引き入れるための、手だてとしての仮の教えとがまじわりあっているのです。その手だての教えに依らないで実の教えに依り、仮を見きわめて真に帰することこそ、聖人のご本意なのです。用心の上にも用心して聖教を自分の都合にあわせて、勝手に了解するようなことがあってはなりません。

らせ候ふて、目やすにして、この書にそへまいらせて候ふなり。

聖人のつねの仰せには、弥陀の五劫思惟の願をよくよく案ずれば、ひとへに親鸞一人《いちにん》がためなりけり。さればそくばくの業をもちける身にてありけるを、たすけんとおぼしめしたちける本願のかたじけなさよと、御述懐候ひしことを、いままた案ずるに、善導の、自身はこれ現に罪悪生死《しょうじ》の凡夫、曠《こう》劫《ごう》よりこのかた、つねにしづみつねに流転して、出離《しゅつり》の縁あることなき身としれといふ金言《きんげん》に、すこしもたがはせおはしまさず。

さればかたじけなくも、わが御身に

この真実と権仮《ごんけ》の意味がはっきりと自覚されないために、教団は今、内外ともに容易ならぬ紛糾を招いております。それで、真実信心を具体的な教団の歩みを通して証《あか》している大切な証文を、少々抜き出して「目安」にしたものを、この書（歎異抄）に添えさせていただきました。

聖人がいつも言われていたことは、「弥陀が五劫《ごこう》という長い時をかけて、思案を尽くして打ち出された誓願をよくよく思いはかると、ただこの親鸞一人のためであった。だから、数えきれぬほどの業《ごう》を負うた身を生きるほかはないこの親鸞を、何としてでも助けずばおかぬと思い立たれた本願だったとは、何とかたじけないことか」とつくづくと述べられたことを、今また改めて推《お》しはかると、あの善導の、「わが身はまぎれもなく現に生き死にの業《ごう》に引かれ押し流されている罪

ひきかけて、われらが身の罪悪のふかきほどをもしらず、如来の御恩のたかきことをもしらずしてまよへるを、おもひしらせんがためにて候ひけり。まことに如来の御恩といふことをばさたなくして、われもひとも、よしあしといふことをのみ申しあへり。

聖人の仰せには、善悪のふたつ、総じてもて存知せざるなり。そのゆへは、如来の御こころによしとおぼしめすほどに、しりとをしたらばこそ、よきをしりたるにてもあらめ、如来のあしとおぼしめすほどに、しりとほしたらばこそ、あしさをしりたるにてもあらめど、煩悩具足の凡夫、火宅無常の世界

深い凡夫《ぼんぶ》である。思いはかることのできぬほどのはるかな昔から現在ただ今にいたるまで、つねに業の身に沈没し、つねにその業に引かれてさまよいつづけ、そこから離れ出る縁の絶え果てた身であると知れ」というまことの言葉に、少しも違ってはおられません。

だから、この聖人の御言葉はかたじけなくもご自分の身にひきあてて、私たちが、わが身の罪業の深さをも知らず、その身にかけられた如来のご恩の高いことにも気づかないで、自分の思いにまかせて迷っているその実態を、思い知らせようとの深い思し召しがあったのです。それなのに私たちは、その如来のご恩をわが身の上にいただいているかどうかを真剣に確かめ合おうともせず、われ・ひと共に、何かにつけてそれが善か悪かということだけで互いに論争し合っているのです。

は、よろづのこと、みなもて、そらごと、たわごと、まことあることなきに、ただ念仏のみぞまことにておはしますとこそ、仰せは候ひしか。

　まことに、われもひとも、そらごとをのみ申しあひ候ふなかに、ひとついたましきことの候ふなり。そのゆへは、念仏申すについて、信心のをもむきをもたがひに問答し、ひとにもいひきかするとき、ひとのくちをふさぎ、相論のたたかひかたんがために、またく仰せにてなきことをも、仰せとのみ申すことあさましくなげき存じ候ふなり。このむねをよくよくおもひとき、こころえらるべきことに候ふなり。


聖人の仰せには、「何が善であり、何が悪であるかを知り分けることなど一切私には無用です。なぜなら、如来の御心《みこころ》に善しと思し召すほどに明らかに知り通すことができるなら、善を知ったとも言えよう。また如来が悪しと思し召すほどに徹底して知り通しているのであれば、悪を知ったとも言えようが、そう言っている自分があらゆる煩悩がしっかりと身について離れぬ凡夫であり、その凡夫のつくり出している火炎に煽られている家のようなこの無常の世界では、そこに生起《しょうき》する万事がすべてそらごと・たわごとであり、おしなべて真実ではない。ただ念仏だけが真実そのものであられるのです」と確かに仰せられました。

　まことに、われもひとも、そらごとばかりを言い合っている中に、一つ心痛に堪えぬことがあります。というのは、念仏申すについて、その信心の趣意を互い

これさらにわたくしのことばにあらずといへども、経釈のゆくぢもしらず、法文の浅深をこころえわけたることも候はねば、さだめておかしきことにてこそ候はめども、古親鸞の仰せごと候ひしをもむき、百分が一、かたはしばかりをおもひいでまいらせて、かきつけ候ふなり。かなしきかなや、さひはひに念仏しながら、直《ぢき》に報土に生まれずして辺地にやどをとらんこと。一室の行者のなかに信心ことなることなからんために、なくなくふでをそめて、これをしるす。なづけて歎異抄といふべし。外見あるべからず。

に問答し、ひとにも言い聞かせるとき、相手にものを言わせず、論争にたたかい勝とうとして、全く親鸞の仰せでもないことを仰せだと言いつのること、まことにあさましく、歎かわしく思われます。この事わけを、よく心に入れて納得し、いつも忘れてはなりません。

このことは決して単なる私一個の個人的発言ではないのですが、経典や論釈のすじみちを正しく読み解くことも知らず、法文の浅深をも詳しく了解したこともありませんので、さぞ可笑しいことでありましょうが、故親鸞聖人の仰せられたご趣意を、その百分の一、その一端だけでも思い出させていただいて、書きとどめました。何と悲しいことか、幸いにも良き縁にもよおされて念仏しながら、直ちに真実報土に生まれないで、その片ほとりの辺地を憩いの宿としてとどまってしまうとは。同じ専修《せんじゅ》念仏の道場に集う御同朋の中に、信心の異なることのないようにと、泣く泣く筆を染めてこれを記します。「歎異抄」と名づけます。見さかいなしに乱りに誰にでも見せてはなりません。

◆生活をかけた信心

『歎異抄』は不思議な書です。

著者である唯円坊《ゆいえんぼう》が筆をとった直接の動機は、親鸞聖人の滅後、とりわけいきおいを得てきた「上人の仰せにあらざる異義ども」を歎き、「一室の行者のなかに信心ことなること」のないようにとの熱い願いから「なくなくふでをそめ」たのだと自ら記している通りです。

そしてこの書の前半には、まさしく異義批判の根拠として唯円の聞きとどめた聖人の直語十ヶ条をかかげ、それと対応するようにして個々の異義とそれについての唯円の批判を後半八ヶ条に列挙しております。しかし、一般に『歎異抄』と言えば前半にかかげられた聖人の直語をもって広く知られており、まさしく「歎異」を述べる後半の唯円の記述は軽視されてきたきらいがあります。ということは、それほどに前十ヶ条の聖人のことばが多くの人々のこころに、じかに響いてくる力にみちているからです。

聖人のことばと言ってもそれは唯円の筆によることばです。それがどの箇条もいささかのたるみもない凝縮したことばとなって真宗信心の核心が披瀝されております。ともすれば冗漫《じょうまん》に流れやすい日本文の傾向に反して、それは破格とも言うべききびきびとした、しかも深いしずけさをたたえたたぐいまれな文章と言えましょう。唯円坊にとってそれは生涯「耳の底に留」って消えやらぬほど深く刻印された「ことばとなった親鸞」その人であったのです。

このような力強いことばが堰《せき》を切ったように次々とあふれ出てくるということは、ただごとではありません。

このことについては、従来からそれが多数の人々を前にして話された法話でもなく、また不特定の読者を想定して記された著述でもなく、唯円坊をはじめとする、ごく少数の人たちに対して直接語りかけられた「御物語」だからだということが注意されてきました。しかし、それだけではまだ十分納得のいく説明とは言えません。そのような「御物語」を引き出してくるような場、そこには聖人と唯円たちを共におしつつんで、何か異常とでも言わねばならぬような、緊張した状況があったと思わずにはおれぬのです。それは何か？

そのことについても従来から聖人帰洛後の関東の教界の事情、すなわち日蓮上人による「念仏する者は無間《むげん》地獄に堕《お》ちる」という主張や、聖人の長子善鸞《ぜんらん》による誣告《ぶこく》事件、さらに後半八ヶ条にあげられるような、教団内部の異義の横行による人々の信心の動揺などが注目されております。しかしこうした状況を頭において考えてみても、そのことによってただちに聖人のことばのもっている、なみなみならぬ迫力を説明することはできません。

唯円たちがはるばる関東から上洛して、親しく聖人にまみえた背景には、確かにこのような状況がありました。そのとき唯円はまだ二十歳代の青年だったと推定されています。

関東の荒野に張りついて生きていた、これらの荒々しい「いなかびと」たちが、「十余ヶ国のさかひをこえて、身命をかへりみずして」馳せのぼってくるには、よほどさしせまった事情があったと考えないわけにはまいりません。もしそれが異義の横行による信心の動揺であるということであれば、それほどに人々を追いつめた異義とはいったい何であったのか（現在の私たちに、それほど異義によっていのちをかけるというようなことがあるのか）。またその異義を通してはじめて確信されてくる信仰生活とはどういう生活か（私たちにそのような生活をかけた信心があるのか）。

このことはいわば「宗教とは何か」「それを求める人間とは何か」という本質的な問いに通ずるものでありましょう。こうした本質的な問いをまともに受け取って、それに呼応するところに聖人のことばの力強さがあるのです。

後八ヶ条の異義によってかえって前十ヶ条のまことの信が反顕され、その信によって逆に異義が見開かれてくる。こうした本書の構成を通して、唯円が是非とも明らかにしようとする「先師《せんし》口伝《くでん》の真信」がいかなる信心であるか、そのことを改めてこの国の歴史に生きる念仏申す身の事実を通しての確認を、うながしてくるのが後序でありましょう。

◆道徳観念をも揺がす信心

唯円坊はこの書の後半に八ヶ条の異義と、それに対する批判を述べ終わって、「右条々《みぎじょうじょう》は、みなもて信心《しんじん》のことなるより、をこり候ふか」と言い、一転して「故《こ》聖人の御ものがたり」に聞いたところの法然上人の膝下《しっか》において、若き日の親鸞（善信）とその同僚の間に起きた信心諍論のことに筆を移しております。その内容は、法然上人のすすめられる他力の信心は師弟一味の「ひとつ信心」であるということが強調されているように見えますが、その文脈を注意してみると、実は唯円の当面している異義事件と全く同じことが遠く吉水教団において、「当時の一向専修のひとびとのなかに」すでに起きていたのだということを指摘することが主眼であるようにうかがわれます。この唯円の何気ない指摘によって私たちはただちに次の了解に導かれます。

前十条の聖人の直語は、青年唯円を馳せのぼらせたほどの関東教団の危機に際して語られたも

吉水道場での信心諍論（親鸞聖人伝絵）

のであって、時に聖人は八十歳を過ぎておられました。それに対して後半八ヶ条の異義は聖人滅後二十七年ころ、すでに七十歳を目前にした最晩年の老唯円が身をおいていた教団の実態でありました。したがって前半の祖語の語られた時点と、後半唯円の歎異の記述との間には約三十余年の時間の経過があるわけです。そして吉水教団における信心諍論は祖語の語られたときからさらに半世紀以前、歎異の時点からすれば唯円にとっては、ほぼ一世紀以前の出来事です。

こうした本書の記述を通して知られてくることは、今、歎異の筆をとっている唯円の脳裏には、三十余年以前に聞いたはずの祖語のかずかずと、さらにほぼ一世紀以前の吉水における信心諍論の物語とが、きっちりと重なっていたにちがいないということです。

ということは、とりもなおさず唯円においては、この三つの時点のそれぞれにおいて人々をひっさらった「異義ども」と、そのような異義を生ぜしめずにはおかなかったきびしい状況とが、本質的に全く同じ性格のものとして把握されていたということでもあります。そしてこのことはまた時と所とを異にしながら、そのような同じ性格の異義と状況とを引き起こしてくるということにおいて、実は唯円自身の信心がこの国の歴史をつらぬく法然――親鸞――唯円とつづく他力本願念仏の「ひとつ信心」にほかならぬことの確証として受け取られていたということでもあります。

言いかえれば、そのような「ひとつ信心」は、この国にゆきわたっているつねなみの信心ではなくて、「往生の信心」「たまわりたる信心」と嘆ぜられるような信心であるということこそが、この国の歴史の上でつねに異義を激発せしめずにはおかぬような状況を引き起こしてくるのだ、ということが示唆されているのです。

そのような「往生の信心」「たまわりたる信心」の内容についてはここでは全く詳しく述べられておりません。それはこの後序において重ねて述べるまでもなく、唯円たちの身体を張った切実な問いに呼応して、聖人自身のことばでもってすでに前十条において述べ尽くされておるからです。

ところで、そこで語られている「往生の信心」とは私たちにとってたやすく受け入れられるようなものではなかったはずです。それは私たちの日常の生活意識や感覚をうちくだくような激越な意味あいをもっているだけでなく、この国の長い歴史の中ではぐくまれてきた人々の宗教感情や道徳観念までも、根っこからゆるがすような内容をはらんでいるのです。すなわちそれは、私たちが日常それに頼り、それに依って生きているところの一切のもの、個人の知識や才能、思想・信念や実践行為は申すにおよばず、老少・善悪・男女・貴賎の別なく、社会規範や国家秩序にいたるまで「みなもて、そらごと、たわごと、まことあること」なしと目覚めて、それらをたのまずにおれぬ「自力のこころをひるがえし」ただ一すじに「本願他力」をたのむ念仏の人となって、往生の生涯を生きぬくという生活を開きつづける信心なのです。

「宗教」といえば今日においても神仏の加護をたのんで自分一個の日常の幸福と、その延長としての世の安穏を祈念するか、またはもっぱら心の平安を工夫することとしか考えておらぬこの国の人々にとって、このようなすさまじい信心のすすめが、こころよく受け入れられるはずがありません。ことにいつの時代でも体制社会の中にあって直接生産に従事せず財力や権力、学識や教養など多くのものを身につけ、それらを他と比較することをもって生きがいと感じているような人々、「善人」・「とうとき人」・「富める人」にとっては、このような信心は絶対に容認することはできますまい。

これに対して、こうした体制社会の底辺にあって失うべきものを何ひとつ持たず、日々を喰いつなぐことに手一杯で、その苦しさのあまり蜂起しそうにでもなれば、権力による弾圧に加えて、「天罰・仏罰をこうむるぞ」とおどしつづけられていた人々、「海・河に、網をひき、釣をして世をわたるもの」「野やまに、ししをかり、鳥をとりて、いのちをつぐともがら」「商《あきな》ひをもし、田畠をつくりてすぐるひと」たち、これらはいずれも堕地獄の悪業とされた殺・奪を生業としている悪人です。その人たちにとっては、この「往生の信心」のすすめこそが劫初《こうしょ》以来はじめて聞くことのできた解放の福音であったにちがいありません。

このような人々の精神の解放がやがて社会的・政治的解放と結びつこうとするとき、あるいはそのようなおそれが予想されるとき、体制秩序と一体化した王法・仏法を守るという名において社会的抑圧や政治的弾圧が始まることは避けられないようです。

事実、承元元年（一二〇七）、法然上人の吉水の教団は朝廷の公権力の発動によって壊滅し、建長八年（一二五六）、聖人の関東の教団は幕府と在地権力の締めつけによって分裂・瓦解に瀕し、そして今、聖人滅後の唯円の教団はようやく全国的支配を確立した北条政権のきびしい宗教統制政策の前に立たされていたのです。そして、まさにこうした状況の下で軌《き》を一にして同朋教団の内部から「親鸞の御信心にひとつならぬ」異義がふきだしてくるのです。そのような異義とはいったい何なのか。

◆異義者とは我なり

「往生の信心」とは、人々がそれによって生きようとするならば、いつの時代においても必ず体制秩序との間に一種の緊張関係をはらんでくるような信心であり、時として権力による流罪を覚悟しなければならぬような信心です。

ということは、その信心が私たちの生きざまを決定するような信心だからです。そしてその生きざまとは、現実の体制社会に埋没して体制人間として生きることでも、反対に現実の社会を逃れ、またはそれに抗して生きることでもなく、あるいはそうした二つの生き方を使い分け、両立させて要領よく生きることでもない。現実の歴史社会のまっ只中で「御同朋《おんどうぼう》」の生活を開きつづけるような「往生という生」を生きぬくことです。そのような緊張した生き方に堪えることができず、予見される流罪をまぬがれようとするとき、しかもなお自ら聖人の門流であることを保留しつづけようとするとき、私たちは「またく仰《おお》せにてなきことをも、仰せとのみ」言いつのる異義の徒となるほかはないのです。

異義とは、決して後世になって学寮や書斎の中で論ぜられたような観念的な宗意安心上の論題ではありません。もしそのようなものであるなら、あの若き唯円たちが、いのちがけで上洛することはなかったのです。それはこの国の歴史社会の体制の中で念仏ひとすじに「往生の信」に生きようとするとき、また避けることのできない「生活のえらび」に直面したところから起きる民族の生きざまに根ざす主張なのです。後八ヶ条の異義を仔細に吟味するならば、それらがいずれも念仏の信心にかかわる見解を主張しているように見えて、実は世々の体制秩序に生きてきた片州の人々の生活心情そのものの自己主張であることが明らかであります。

異義とは民族の歴史的体質に根ざすものです。それは自ら「仰せ」をかかげながら、体制社会と密着してその「仰せ」を歪曲してしまうだけでなく、やがては「往生の信心」に対する弾圧に手をかすことになるのです。真宗教団自身の体制化がすすむ中で、やがて異義が正統とされるとき、「さこそしどけなきことども」が続出してくることは目に見えております。

その時にいたっての唯一のてだては、「故《こ》聖人の御《おん》こころにあひかなひて、御《おん》もちゐ候ふ御聖《おんしょう》教《ぎょう》」のことばに直接参入することのほかにはありません。どのような聖教もそれがことばによって説かれるかぎり、時代・社会に生きる人々の理解に訴えようとするところがあります。そのようなものを「権仮《ごんけ》」の教というのです。

決して決して教法を理解しようなどと思ってはならぬ。私に理解された教法が私の生活を開いたりはしない。理解された教法は必ず生活を飾る教養にとどまるか、または体制に生きる異義者を守る教条的理論とされるのだ。明らかな真実の智慧としての聖教の前に、歴史的存在としての我が業《ごう》の身を立たせなさい。

教えの前に身を立たせるというそのことによって、はじめて私たちは自分自身と対面し、その身の事実にうなずき、その身をひきうけて生きる者として誕生するのです。

聖人のことばに出遇うまで私たちは、世々にわたってこの四つの島の中で相対差別の歴史・社会をつくりだし、それを我《われ》として生きることによってまた自らを形成してきたのです。その結果、自己をも知らず、世界をも知らず、祈願と感謝、はらえと再生、没我と熱狂という出口のない永劫回帰の流転をくりかえし、しかもそのような生き方を絶対としてつゆ疑うことのない、はかり知れない業の身を生きてきたのです。

このような私をよく打ち破って私自身に目覚めさせるものは、教えの呼びかけと日々のいとなみの中でわが身の上に起きてくる出来事です。「聖人のつねの仰せ」とは、つねの出来事の一々を通してわが信を確かめ、つねに教えに聞きつづけることによって、わが身にうなずいていった人の述懐のことばです。ここに「聖人の仰せ」として記された二つのご持言は、その生涯を通して念仏に呼ばれ、すでにして本願に息づいた「いちにん」の嘆声であり、それが今、歎異の結語として据《す》えられてあるのは、私たちにとって「異義者とは我なり」との自覚のうながしと言えましょう。

「往生の信心」とは私たちが、一すじにそれに生きるかぎり異義と弾圧とを引き起こしてくるような信心でした。しかしそれはまた同時に日々の出来事を通して自らを異義者であり、弾圧者であるということをうなずきつづける信心です。聞いた教えが絶対なら、それを心得たおのれ自身も絶対だと思い込み、「われもひとも、よしあしといふことをのみ申しあふ」そのままが異義者であるとの悲歎において、かぎりなく「仰せ」に帰って行ける往生の大道があります。

教えはわれらの時代・社会を照射することによってその真理性を実証し、われらの時代・社会はその業を通して教えの真理性を反証する。異義によって揺れうごくこのわれらの教団の事実こそが、われらの「往生の信心」を一定《いちじょう》せしめんとして生きてはたらく本願のしるしである。その本願に生きよ。

これが聖人の教えであり、その教えに生きるのがわれらの同朋教団である。このことをあかしする「大切な証文」をぬきだし、「目安」としたものを「この書にそえ」たから是非こころして見てほしい。

このような唯円坊のゆきとどいた配慮によって添えられた文書のかずかずは、その後の教団のしたたかな歴史の波間に隠没しました。わずかに残ったのが巻末の流罪の記録であるということは決して偶然ではありません。

それは私がこれまでこの小文においてたどってきた「往生の信心」と異義との深いかかわりを、具体的なこの国の歴史の上で最も如実に証明した記録であることを唯円が熟知していたからです。

弾圧は決して屈辱でもなければ不幸でもない。この国の政権と教権とが手を組んで「他力本願念仏宗」を弾圧し、真宗を流罪にしたのは十分の理由があるのです。

しかもそのことのおかげで「愚禿《ぐとく》親鸞」の誕生があり、それによってまた同じく「往生の信心」に生きあう無数の人々が誕生し、今も誕生しつづけているのです。

民族の業は真宗を弾圧したが、まさにそのことによって、はじめて民族の業は自らを顯《あら》わにし、万人の世界を開く真宗が開顕されたのです。

（加賀市・浄泉寺前住職）

本書は『大法輪』の昭和59年8月号特集「法話による『歎異抄』入門」、平成7年11月号特集「親鸞に生き方・死に方を聞く」の一部、平成3年7月号「親鸞の教えを知るキーワード」、平成11年12月号「親鸞の著作についての問い」に各執筆者が加筆し、さらに第一部の3題、及び第三部の「歎異抄の構成と読み方」を新原稿として加え再編集したものです。

親鸞と歎異抄入門

——その心の遍歴と他力の教え——

平成13年8月10日　第1刷発行©
平成16年6月1日　第2刷

大法輪閣編集部編
発行者　石　原　大　道
印刷所　三協美術印刷株式会社
発行所　有限会社　大　法　輪　閣
東京都渋谷区東2-5-36　大泉ビル
電　話　(03) 5466-1401
振　替　00130-8-19

ISBN4-8046-4203-X　C0015